ケリー伊藤の
プレイン・
イングリッシュ
講座

ケリー伊藤 著

Plain English

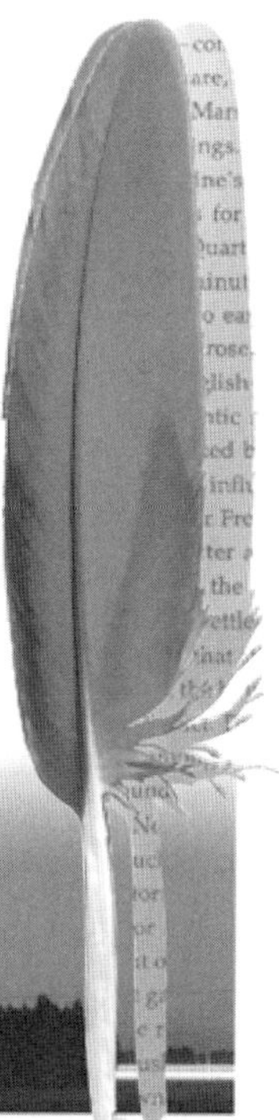

KENKYUSHA

はしがき

　本書は1994年に出版した『プレイン・イングリッシュのすすめ』（講談社現代新書）のIT時代版とも言うべきものです。

　この20年間で英語を取り巻く環境は大きく変わりました。同書を出版した当時はまだインターネットの黎明期で、学者などごく一部の人だけがインターネット上のやりとりを試みた時代でした。今やインターネットは多くの人の生活の一部となり、仕事の英語が共通語化してビジネスパーソンは英語でEメールのやりとりをするのが当たり前になり、一部の企業は英語の公用語化を行い、小学校でも英語教育の導入を試みるなど、誰もが英語を避けて通れない時代になっています。それなのに、日本人の英語の発信力はインターネット出現以前と比べて進歩しているとは言えません。

　私はいま一度、本書を通じて仕事のための英語としてのPlain Englishを世に問うことにしました。前作をさらに超える本にするために、20数年間にわたる第一線ビジネスパーソンへの指導経験を本書に込めています。本書をていねいに学習すれば、仕事で使う英語力の基礎は完璧だと言っていいでしょう。

　本書の大きな特徴として「名詞編」があります。日本語にはない名詞の数の概念は、日本人学習者に共通する弱点の1つです。仕事の英語に不自由しない人でも、名詞の数の概念を理解していることは少ないと思います。本書ではその点を徹底的に解説しました。また、本書で取り上げた名詞はPlain Englishに必須のものばかりです。収録された名詞を徹底的に学習すれば弱点を効率良く補強できるので、英語力の飛躍的な向上につながります。

　また、「動詞編」についても日本人学習者の弱点となるところを取

り上げました。仕事の英語では、語彙力をいたずらに増やそうとするより、基本動詞の使い方を習熟することによってコミュニケーション能力が格段に向上します。そこで、重要動詞について基本概念から徹底的に解説しました。

それらを踏まえて、実際に英語を作るコツは「英文を書くための50題」で解説します。なお、その前にある「Plain English10箇条」の英語版が『英語パラグラフ・ライティング講座』(研究社)に載せてあるので、ぜひ合わせてご覧ください。

また、巻末には索引とともに暗記用例文集がついています。すぐに使える文例ばかりですので、ぜひ暗記してください。

Plain Englishを身につける上で役に立つ辞書を2冊推薦します。

1. Oxford Advanced Learner's Dictionary
2. Oxford Collocations Dictionary for Students of English

1は英語が母語でない人のための英語辞典です。本書でも取り上げている名詞の数、動詞の型などがきちんと説明されています。

2は語と語の組み合わせ(=コロケーション)を示した辞典です。ある名詞にはこの動詞、あるいはこの形容詞を用いるなど、日本人学習者の盲点となるコロケーションが豊富に収録されています。

なお、本書を読んだあとに読むべき本として、拙著からいくつか推薦いたします。まず、ライティングの基礎が必要だと感じた人には『英語ライティング講座入門』(研究社)をお勧めします。英語話者の視点を学校文法の順番で身につけることができます。本書を踏まえて発展的なライティングの練習をしたい人には、上でもご紹介した『英語パラグラフ・ライティング講座』をお勧めします。アメリカでは小学校から学ぶパラグラフ構成法を基本から解説しています。Part 1の語彙面で力不足を感じた人、とくに基本動詞を徹底的に学習したい場合は『辞典ではわからない 新・英単語使い方事典 基

本動詞編』(三修社) をお勧めします。

　最後になりましたが、本書の出版にあたって、研究社編集部の佐藤陽二氏にこの場を借りて心からお礼申し上げます。私のオフィスの浪岡礼子君には、いつものことながら原稿整理および日本文入力などをしてもらいました。オツカレさまでした。

　本書が皆さんの英語力向上に役立つと確信しております。

Kelly Itoh

目　次

はしがき　iii

第1章　使える語彙を身につけよう　1
1. 名詞編　2
2. 動詞編　40
3. 動詞型編　86
4. 前置詞・副詞編　101

第2章　伝わる英語を使うためには？　115
1. Plain English とは何か　116
2. Plain English 10箇条　119
3. 伝わる英語を書くための50題　127

復習用暗記例文集100　198

索　引　206

第1章 使える語彙を身につけよう

　ここでは、日本人学習者が一度習っていながら、
きちんと押さえきれていない大切な語彙を厳選しました。
学校で習った単語にここで解説する知識を補充すれば、
あなたの英語力は何倍にも進化します。
1つ1つ丁寧に押さえて、
伝わる英語を使えるようになるための
土台作りを行いましょう。

1. 名詞編

　日本語話者が英語を習得しようとする場合、日本語にない部分を徹底的に学習することが肝心です。まず、数の概念が日本語にはありません。英語では数えられる名詞は必ず単数・複数を示さなければなりません。それに関連して、日本語ではありえないことですが、1つの「名詞」が可算名詞と不可算名詞で違った意味になり、さらには単数形と複数形でまた違った意味になることがあります。これらのことを全部習得して初めて1つの単語をモノにしたことになります。

【accident】

不可算 偶然

　accident を不可算名詞として用いると「偶然」の意味で、by accident で「偶然に」となります。
- We met at the restaurant by accident.「わたしたちはレストランで偶然会った」
- It was no accident that he found the substance.「彼がその物質を発見したのは偶然ではなかった」

可算 事故、災難

　accident を可算名詞として用いると、誰でも知っている「事故」「災難」という意味になります。
- Accidents will happen.「事故は起こるものだ」

1. 名詞編

【advice】
不可算 助言

advice を可算名詞と勘違いして用いている例をよく目にします。advice は不可算名詞です。「1つのアドバイス」は a piece of advice です。

- Can you give me a piece of advice on the matter?「その件について、一言助言してもらえますか」

【ash】
不可算 灰

ash を不可算名詞として用いると「灰」の意味です。特に石炭やタバコなどが燃えたあとの「灰」を指します。「火山灰」は volcano ash で、不可算名詞です。

- Don't drop cigarette ash on the floor.「タバコの灰を床に落とさないで」

複数形 残骸、廃墟、燃えかす；遺灰

複数形の ashes は火災などで破壊された「残骸」「廃墟」「燃えかす」を表します。

- The building was burnt to ashes.「その建物は全焼した」

ashes のもう1つの意味は、人を火葬にしたときの「遺灰」です。

- We will bury her ashes tomorrow.「明日、彼女の遺骨を埋葬する」

ash は、可算名詞として単数で用いることはありません。

【authority】
不可算 権力、権限、権威

authority を不可算名詞として用いると、「権力」「権限」、知識や経験から得られる「権威」を表します。

第1章　使える語彙を身につけよう

- He has a deep distrust of those in authority.「彼は権力者に対して強い不信感を持っている」
- You don't have the authority to search our house.「あなたには私の家を捜索する権限はない」
- That man has an air of authority.「あの人は威厳がある」

可算　権威者

authority を可算名詞として用いると、ある分野において「権威のある人物」を表します。

- He is an authority on pronunciation.「彼は発音の権威だ」

複数形　当局

authority を複数形で用いると「当局」を表します。この場合必ず the をつけてください。

- We have to report this case to the health authorities.「この事例を保健機関に報告しなければならない」

【business】

business の不可算名詞と可算名詞の使い分けはできているでしょうか。

不可算　商売、業績

不可算名詞として用いると「商売」「業績」を表します。「もうかりまっか」を英語で言うと、How's business? となります。business は不可算名詞で冠詞も何もつかないことに注意してください。Business is slow. は「商売はさっぱりだ」という意味です。「〜と取り引きをする」「〜と商売をする」は do business with 〜 となります。

- The company started doing business with us last year.「その会社は弊社と昨年、取り引きを始めた」

(不可算＋所有格) やるべきこと

　不可算名詞の business を所有格とともに用いると「〜のやるべきこと」の意味です。That's my business. と言うと、「それは私のすることだ」「それは他人には関係ない」という意味です。It's none of your business. は「それは君には関係のないことだ」という意味です。「自分の頭の上のハエを追え」は、英語では Mind your (own) business. です。

(可　算) 会社

　business を可算名詞として用いると「会社」の意味になります。日本語の「大企業」はいろいろな大きな会社を指すので、英語では big businesses と複数形になります。
- Big businesses are doing well.「大企業はいま景気がよい」

(不可算その他)

　Baseball is big business. はどういう意味でしょうか。答えは「野球は一大産業だ」という意味です。big business で「大きな商売」「一大産業」の意味です。Business or pleasure?（仕事ですか遊び[観光]ですか）も、business は不可算名詞です。この business は「業務」の意味です。ほかにもよく使われる表現を挙げておきます。
- Business is business.「商売は商売」→「商売で私情を挟むな」
- business as usual「平常通り営業」

【chance】
(不可算) 偶然、運

　chance を不可算名詞として用いると、「偶然性」「運」を表します。
- I just met him by chance.「彼に偶然会った」
- Chance plays a big part in this game.「この試合は運が大きく左右する」

第1章　使える語彙を身につけよう

(可算)　機会、好機；可能性

可算名詞の chance は「機会」「好機」です。

- Just give him a chance to explain.「彼の話も聞いてやって」
- Don't miss this chance.「このチャンスを逃すな」

「可能性」を表すときは通常は形容詞とともに用いられます。

- He has a good chance of winning the game.「彼が試合に勝つ可能性は高い」
- She has no chance of marrying him.「彼女が彼と結婚できる可能性はゼロだ」

(複数形)　見込み、可能性

chance が複数形で用いられると「見込み」「可能性」を表します。

- What are the chances of his winning?「彼が勝てる見込みはどれくらいある？」
- The chances of his recovery are slim.「彼が回復する可能性は低い」

take chances は behave carelessly（不用意に行動する）、take risks（危険を冒す）の意味のよく使われるイディオムです。

- Don't take chances. You will get killed.「やばいことはやめとけよ。殺されるぞ」

take one's chances とすると「好機を利用する」「好機を逃さない」という意味になります。

- Take your chances when they come.「チャンスが来たら逃すな」

【change】

(不可算)　お釣り、小銭；変動

不可算名詞の change は「お釣り」「小銭」の意味になります。

- Keep the change.「お釣りはいりません」
- Do you have small change?「小銭持ってない？」

まれに「変動」「変化」を表すことがあります。

- Climate change is a threat to the environment.「気候の変動は環境に対する脅威である」

可算　変化

可算名詞の change は「変化」の意味です。複数形でも意味に「変化」はありません。

- I am sick and tired of living in the city. I need a change.「都会の生活には飽き飽きした。変化が必要だ」
- She had a change of mind.「彼女は心変わりをした」
- They made several changes in the program.「プログラムにいくつか変更を加えた」

for a change は「変化のために」→「気分転換に」「息抜きで」です。

- I want to go to onsen for a change.「息抜きに温泉に行きたい」

a change of air も for a change と同じような意味になります。

- A change of air will be good for you.「気分転換するのもいいと思うよ」

a change for the better は、良いほうへの変化を表します。

- It is a change for the better in the economy.「それは経済が好転しているということだ」

「悪いほうへの変化」→「悪化」は a change for the worse です。「着替え」は a change of clothes です。the change of life は単に「人生の変化」ではなく、女性の「更年期」「閉経期」を指します。

【communication】

不可算　意思疎通；伝染

不可算名詞の communication は「意思疎通」の意味です。

- Good communication is important in any relationship.「いかな

る関係においても十分な意思疎通が重要だ」
- We are in regular communication with each other by email.「私たちはメールで定期的にやりとりしている」

病気の「伝染」を表すこともあります。
- The communication of the disease is rare.「その病気が伝染することはめったにない」

(可算)

communication は可算名詞として単数で用いることはなく、フォーマルな使い方で message の意味になることがまれにあるくらいです。

(複数形) 通信；連絡網

複数形の communications は「通信手段」「通信設備」の意味です。
- The country launched its first communications satellite in 1970.「その国は、1970年に初めて通信衛星を打ち上げた」
- The storm disrupted communications between the two cities.「嵐で両都市間の通信が絶たれた」
- It is one of the most profitable telecommunications companies.「最も利益を上げている電気通信会社の1つだ」

「連絡網」を表す場合もあります。
- The city has good rail communications with its neighboring cities.「その市は、近隣の都市との鉄道網が発達している」

【company】

company が不可算名詞と可算名詞で意味が大きく異なることを知っている人は少ないようです。

1. 名詞編

(不可算) 一緒にいること

companyはもともと不可算名詞で「人と人が一緒にいること」を表します。可算名詞として「会社」の意味で用いられるようになったのはずっとあとです。世界的なコンサル会社のマッキンゼーは、英語では McKinsey & Company です。「マッキンゼーさんとその仲間たち」で始めたからです。Brown & Company は「ブラウンさんとその仲間たち」で始めた会社であることがわかります。「今晩、来客があります」という英訳の問題を出すと 10 人が 10 人、visitor や guest を使いますが、正解は We will have company tonight. です。visitor は「訪れる人」なので、宅急便のお兄さんも含みます。guest は「泊り客」です。この場合 company は、1 人でも数人でも不可算名詞 company です。次の例文は不可算名詞 company を用いた有名なことわざです。

- Two's company, three's a crowd.「2人なら仲間、3人なら群衆」
可算名詞で用いると「会社」の意味になります。

【condition】
(不可算) 状態

不可算名詞の condition は the present state of a thing or a person (物や人の現状) のことです。「状態」と覚えておくといいでしょう。

- The car is in poor condition.「その車は状態が悪い」
- His mother is in critical condition.「彼のお母さんは危篤だ」

in good condition は「よい体調で」、in serious condition は「重体で」、in stable condition は「小康状態で」です。この意味の condition は形容詞がついていても不可算名詞のままで冠詞もつけません。

第1章　使える語彙を身につけよう

（可算）条件

可算名詞の condition は「条件」の意味です。

- One condition of the job is that you are able to drive a truck.「その仕事の1つの条件はトラックの運転ができることだ」
- I will let you use my car on one condition. When you return it, fill it up.「私の車を貸すには条件が1つある。ガソリンを満タンにして返して」
- Please read carefully the terms and conditions of the contract.「契約の条件をよく読んでください」

上記の場合は、条件がいくつもあるので condition は複数形になっています。

（可算）疾患

可算名詞の condition が a permanent health problem（慢性疾患）を表すときは、部位を表す語と一緒に用いられます。

- He has a liver condition.「彼は肝臓病を患っている」
- The baby was born with a heart condition.「その赤ん坊は生まれつき心臓が悪い」

（複数形）状況

複数形の conditions は circumstances（状況）の意味です。

- Conditions are very good for buying a house here.「ここで家を買うには好機だ」

地価が安いとか金利が低いなどの様々な「状況」を含みます。

- The factory is infamous for its poor working conditions.「その工場は労働環境が劣悪なことで悪名高い」
- People there are in dreadful living conditions.「そこの人々の生活はひどい状況にある」
- The country is in terrible economic conditions.「その国の経済情勢は非常に悪い」

【contact】

(不可算) 連絡、接触、触れ合い

不可算名詞の contact は「連絡」「接触」「触れ合い」の意味です。

- I am still in close contact with Peter.「私は今もピーターとよく連絡を取り合っている」
- We have had no contact between each other for many years.「お互い長いこと連絡を取っていない」
- The two plates are in contact.「2枚の板が接触している」
- The disease is transmitted through sexual contact.「その病気は性行為によって感染する」
- Make eye contact when you talk to the audience.「聴衆と目を合わせて話すようにしなさい」

(可算) ツテ、コネ

可算名詞の contact は「ツテ」「コネ」「人脈」の意味です。

- Do you have any contact in that company?「その会社に何かツテがある？」
- A business school is a great place to make contacts.「ビジネススクールは、人脈を作るには絶好の場だ」
- The guy has a lot of contacts in the business.「あいつにはその業界にたくさんコネがある」

(複数形) コンタクトレンズ

複数形の contacts は「コンタクトレンズ」の意味で使われる場合もあります。

【content】

(不可算) コンテンツ

不可算名詞の content は、コンピュータや IT 業界で言う「コンテンツ」を表します。日本語では「コンテンツ」と複数形で使われて

第 1 章　使える語彙を身につけよう

いますから注意してください。
- The website has a lot of free content.「そのサイトにはたくさん無料のコンテンツがある」

（可算）　含有量

content を可算名詞として単数形で用いると「含有量」を表し、content の前に必ず何の含有量かを示す名詞がつきます。
- The food has a high fat content.「その食品は脂肪含有量が多い」
- The cocktail has a high alcohol content.「そのカクテルはアルコール度が高い」

（複数形）　中身

複数形の contents は「中身」「内容」を表します。the table of contents で「目次」の意味です。
- I don't know the contents of the box.「箱の中身は知らない」
- Please write the contents of the package.「荷物の中身を書いてください」
- Please read the table of contents first.「まず目次を読んでください」

【crime】
（不可算）　犯罪一般

crime が「犯罪一般」や「犯罪という概念」を表す場合は不可算名詞として用います。
- The police are investigating the connection between drugs and organized crime there.「警察はその地域の麻薬と組織犯罪の関係を調べている」
- The residents are making various efforts to prevent crime.「そこの住人は犯罪を防ぐためさまざまな取り組みをしている」

1. 名詞編

(可算) 1つ1つの犯罪

crime が「1つ1つの具体的な犯罪」を表す場合は可算名詞として用います。

- We have to do something to reduce the number of crimes in the city.「市の犯罪件数を減らすために何かしなければならない」

【damage】
(不可算) 損害

不可算名詞の damage は「損害」の意味です。

- The storm caused extensive damage to the city.「暴風雨で、市は広範な被害を受けた」
- The nuclear accident caused lasting damage to the environment.「原発事故は、長期にわたる被害を環境にもたらした」
- The boy suffered brain damage at birth.「その男の子は出生時に脳に損傷を受けた」

damage は可算名詞単数で用いることはありません。

(複数形) 損害賠償金

複数形の damages は「損害賠償金」の意味になります。

- I have decided to sue the company for damages.「その会社に対して損害賠償の訴訟を起こすことにした」
- The parents are claiming 60 million yen in damages.「両親は賠償金として6000万円請求している」
- Who is going to pay the damages?「誰が損害賠償金を支払うのか」

【data】
(不可算) データ、情報

data はもともとは datum の複数形で正式な文書では複数形とし

第1章　使える語彙を身につけよう

て用いられますが、通常は「情報」を表す不可算名詞として用いられています。datum はほとんど使われていません。

- I need to collect more data for the report.「その報告をするにはもっとデータを集めなければならない」

【demand】
(不可算) 需要

demand は、不可算名詞として用いると「需要」の意味で、「需要と供給」は demand and supply です。冠詞・所有格など何もつきません。

- Demand is exceeding supply.「需要が供給を超えている」
- The product is much in demand.「その製品は需要が高い」
- We have to increase production to meet demand.「需要を満たすために増産しなければならない」

(可算) 要求

demand を可算名詞として用いると「要求」の意味になります。

- The company refused the workers' demands.「会社は労働者の要求を拒絶した」
- I can't satisfy your demands.「私はあなたの要求に応えられない」

【development】
(不可算) 発達、発見；現像

不可算名詞の development は「発達」「発見」です。フィルムの「現像」の意味もあります。

- The program is designed to encourage the development of startups.「この制度は、ベンチャーを促進することを目的としたものである」

- His book assists the development of logical thinking.「彼の本は、論理的思考を身につけるのに役立つ」
- The medicine slows the development of lung cancer.「この薬は肺がんの進行を遅らせる」

（可算）　新製品、発明；展開、出来事；開発

可算名詞の development は「新製品」「発明」、物事の「展開」「出来事」を表します。

- An electric car is a great new development.「電気自動車は、すばらしい発明だ」
- The central bank will monitor developments in the area.「中央銀行は、その地域の情勢を監視する」

development は、上の2つ目の文のように、物事の「進展」「動き」を表す場合はしばしば複数形で用いられます。development は可算名詞として「地域開発」も表します。

- A commercial development is taking place in the area.「その地域は商業開発が行われている」

【expectation】

（不可算）　予想

不可算名詞の expectation は「予期」「予想」を表します。

- I have little expectation of winning the game.「その試合に勝つなんて思ってもいない」
- The result was far beyond expectation.「結果は、予想をはるかに超えていた」

（複数形）　見込み、期待

可算名詞の expectation は通常は複数形で「見込み」「期待」を表します。

- With the economic package, market participants' expectations

soared.「その経済政策により、投資家の期待が急激に高まった」
- Don't have unrealistic expectations for your children.「子どもに現実離れした期待をしてはならない」
- The show didn't come up to our expectations.「ショーは期待はずれだった」

come up to one's expectations で「期待どおりになる」という意味になります。

【facility】
不可算　腕前

facility を不可算名詞として用いると、the ability to learn or do things easily（物事を容易に学びまたは行う能力）→「実務能力」「腕前」を表します。この意味に近い単語に flair があります。
- He has facility for languages.「彼は語学の才能がある」
- The girl plays the violin with great facility.「彼女のヴァイオリンの腕前はたいしたものだ」

可算　機能、特徴

facility を可算名詞で用いると、a special feature of a machine or service（機械やサービスの特別な機能や特徴）の意味になります。
- It is a bank account with an overdraft facility.「当座貸越つきの口座です」
- The word processor has a facility for checking spelling.「このワープロにはスペルチェック機能が備わっています」

複数形　設備、施設

facility を可算名詞として複数形（まれに単数形）で用いると、「設備」「施設」の意味になります。
- The hotel has excellent facilities for children.「そのホテルは、子ども向けの施設が充実している」

1. 名詞編

- The center has nice recreational facilities.「センターにはいいリクリエーション施設がある」

【finance】
不可算　財源；財務

不可算名詞の finance は money needed to fund something（何かに必要な資金）→「財源」を表します。

- We provide finance for small businesses.「われわれは中小企業に融資します」
- Finance for the project comes from tax payers.「そのプロジェクトの財源は税金だ」

また、finance を不可算名詞で用いると、managing money（財政）や財務管理・運用を意味する場合もあります。

- He is an expert in finance.「彼は財政の専門家だ」

複数形　財政状況、収入

複数形の finances は money available（使えるお金）→「財政状況」「収入」を表します。この意味で単数形で用いられることはありません。

- The country's finances are in a mess.「その国の財政は苦しい」
- The book teaches you how to plan your finances for retirement.「その本は、退職後のための財テクについて書いてある」
- The company's finances are sound.「その会社の財政状況は安定している」

【fish】
可算（単複同形）　魚

fish は単数形と複数形が同じ形（＝単複同形）で、基本的には fishes とはなりません。「異なる種類の魚を指す場合は fishes となる」と

第 1 章　使える語彙を身につけよう

いう解説も見ますが、実際はその場合でも fish が普通です。
- We catch many kinds of fish here.「ここではいろいろな魚が釣れる」

(不可算)　魚肉

fish が「食べ物としての魚」を意味する場合は不可算名詞として用いられます。
- I don't eat fish.「私は魚は食べない」
- Do you like fish?「(食べ物として) 魚は好きですか」

chicken (鶏肉) も fish と同様です。

【foundation】

(不可算)　創立、設立；根拠；ファンデーション

不可算名詞の foundation は「創立」「設立」「根拠」、化粧品の「ファンデーション」の意味になります。
- Some 200 years have passed since the foundation of the university.「大学設立から 200 年余りが過ぎた」
- The rumor is without foundation.「その噂には根拠がない」
- The store carries excellent foundation.「その店ではいいファンデーションを売っている」

(可算)　財団法人、根幹

foundation を可算名詞の単数で用いると、「財団法人」「根幹」を表します。
- He is the president of the Hirsh Foundation.「彼はハーシュ財団の理事長だ」
- The treaty provides a solid foundation for economic cooperation between the two countries.「この条約は二国間の経済協力の確固たる根幹をなす」

(複数形) 基盤、土台

foundation を可算名詞の複数形で用いると、物事の「基盤」、建物の「土台」を表します。

- The monetary package will lay the foundations for economic growth.「この金融政策は経済成長の基盤を築くであろう」
- The company is now laying concrete foundations for the building.「現在、建物のコンクリート基礎工事をしているところだ」

【fun】
(不可算) 楽しみ

a fun とする誤りをよく見かけますが、fun は不可算名詞です。しっかり覚えておきましょう。

- Have fun!「楽しんでね」
- We had a lot of fun there.「そこはとても楽しかった」

【gear】
(不可算) 装備、服装

不可算名詞の gear はある目的のための「装備」「服装」を表します。

- She was wearing expensive running gear.「彼女は高価なランニングウェアを着ていた」
- Do you have fishing gear?「釣り道具は持ってる?」
- The plane's landing gear was broken.「その飛行機の着陸装置は壊れていた」

(可算) 歯車

可算名詞の gear は「歯車」「ギア」の意味です。

- I damaged the gears of the bicycle.「自転車のギアを壊してしまった」

第1章　使える語彙を身につけよう

ただし、gear を1段目、2段目というようにフレーズで用いる場合は、冠詞も何もつけません。

- He put the car into first gear.「彼はギアをローに入れた」
gear は比喩的にも用いられます。
- The political parties are moving into top gear as the general elections approach.「総選挙が近づき、各政党は本格的に始動している」

【interest】

不可算　興味、利子

不可算名詞の interest は「興味」「利子」の意味です。

- The topic raised a lot of interest.「その話題は多くの人々の関心を集めた」
- I lost interest in the program.「その番組への興味が失せた」
- The story had no interest for me.「その話は私にはおもしろくなかった」
- They charge interest at 5.6 percent.「利息は5.6パーセントかかる」
- You have to pay 6 percent interest on the loan.「ローンの利息は6パーセントです」

可算　興味の対象

可算名詞の interest は「興味の対象そのもの」を表します。

- She has wide interests.「彼女は趣味が多い」

履歴書の「趣味」の欄には interest を用います。スポーツでも何でも含めることができます。

- My interests; reading, listening to music, audio, golf「趣味: 読書、音楽鑑賞、オーディオ、ゴルフ」

1. 名 詞 編

(複数形) 利益

interest を可算名詞の複数形（まれに単数形）で用いると、「利益」「利権」「権益」の意味になります。

- That action touches national interests.「あの行為は国益にかかわる」
- That policy will affect the vested interests.「あの政策は既得権益を侵すものだ」
- The company decided what was in the best interests of shareholders.「会社は、何が株主の最大の利益になるか判断した」

【language】
(不可算) 言語

不可算名詞の language は system of communication（意思疎通のための記号体系）、意思疎通の道具としての「言語」「文体」、特定の集団や職業で用いる「術語」「専門用語」を表します。

- I want to learn sign language.「手話を習いたい」
- You can tell from her body language that she is very upset.「ボディランゲージから、彼女がひどく怒っていることがわかる」
- The program helps the development of language in young children.「このプログラムは、幼児の言葉の発達に役に立つ」
- Don't use bad language here.「ここでは言葉使いに注意してください」
- I am not familiar with legal language.「法律用語はよくわからない」

(可算) 国語

可算名詞の language は各国の「国語」の意味です。

- My first language is English.「私の母語は英語です」
- She has a good command of the Japanese language.「彼女

は日本語が堪能だ」
- The boy has a flair for languages.「その少年は語学の才能がある」
- How many languages do you speak?「何ヶ国語話せますか」

【leave】
(不可算) 休暇

leave は不可算名詞で、「雇い主が従業員に休んでよいという許可」のこと、つまり「休暇」のことです。会社が与えるのは vacation ではなく leave です。

- I came to Tokyo on one month's leave.「1か月の休暇で東京にきました」
- John is on leave now.「ジョンは休暇中です」

【life】
(不可算) 生命、生活、実物

不可算名詞の life は「生命」「生物」「生活」「実物」「活気」などを表します。

- I am studying the origins of life on earth.「私は、地球の生命の起源を研究している」
- It is a matter of life and death.「生きるか死ぬかの問題だ」
- Is there life on Mars?「火星には生物がいるのか」
- That's life.「仕方ないね」
- Life is tough these days.「近頃は、生きていくのが大変だ」
- She was tired of city life.「彼女は都会での生活に嫌気がさしていた」
- The kid is always full of life.「その子はいつも元気いっぱいだ」
- The portrait was taken from life.「その肖像画は実際の人をモデルにしたものだ」

1. 名詞編

(可算) 命、寿命

可算名詞の life は個々の「命」「寿命」の意味です。複数形も同様です。

- The accident took 20 lives.「その事故で 20 人の命が奪われた」
- He must have been a dog in a previous life.「彼は前世で犬だったに違いない」
- This is my life, not yours.「あなたの人生じゃない、私の人生なのよ」
- I have lived here all my life.「私は、生まれてこのかたずっとここに住んでいる」

【luck】
(不可算) 運

a luck とする語例もよく見かけますが、luck は不可算名詞です。
- Any luck?「うまくいった？」
- It's tough luck.「ついてないよ」

【mail (email)】
(不可算) 郵便物、郵便システム

mail は不可算名詞で、「郵便物」の意味です。「配達されるもの全体」を指し、「郵便システム」を指す場合もあります。

- It must have been lost in the mail.「きっと郵送中になくなったんだ」

email も本来は不可算名詞ですが、an email で「1 通のメール」の意味で使われるようになりました。

- I receive 300 emails every day.「毎日 300 通のメールが来る」

ただし、正式に数を述べる場合は message を使って 300 email messages となります。「メール」に対する従来の手紙やはがきなどの「郵便」は snail mail と言います。snail は「かたつむり」の意

第1章　使える語彙を身につけよう

味です。

【manner】
(不可算)

mannerは通常、不可算名詞として用いることはありません。

(可算)　方法

mannerを可算名詞の単数形で用いると「方法」「やり方」の意味になります。wayと言い換えられます。

- I tried to behave in an appropriate manner.「適切にふるまおうとした」
- You don't have to talk to me in a businesslike manner.「私には事務的な話し方をしなくていいよ」
- The bank will tackle the problem in an aggressive manner.「銀行は、積極的にその問題に取り組むだろう」

(複数形)　マナー

複数形のmannersは「マナー」「行儀作法」の意味です。

- It's bad manners to slurp.「音を立てて食べる[飲む]のは行儀が悪い」
- The guy has no manners.「あいつはマナーがなってない」
- You are old enough to have table manners.「あなたの年齢ならもうテーブルマナーができていいはずですよ」

【office】
(不可算)　公職、要職

不可算名詞のofficeは「公職」「官職」、私企業なら社長などの「要職」の意味になります。外資系企業でもメールの自動返信でout of officeを使っているところがありますが、out of officeは「不在」ではなく「辞職」の意味です。「不在」の意味にしたいのなら、少な

くとも out of the office と the が必要です。
- He took office in 2008.「彼は 2008 年に就任した」

take office は「就任する」、leave office は「辞任する」です。冠詞も所有格もつきません。
- She has been in office for eight years.「彼女は 8 年間在任している」

(可算) オフィス

可算名詞の office は「オフィス」の意味ですが、office と「オフィス」は似て非なるものです。「仕事の場」であれば office ではなく workplace です。たとえば「この製品はご家庭でもオフィスでもお使いいただけます」は This product can be used at home and in the workplace. となります。workplace は「家庭」に対する「職場」のことです。

office は医師や弁護士が個人で開業している場合に a doctor's office、a lawyer's office のように用います。またアメリカでは役職に就くと個人の部屋がもらえますが、その場合はその人の office ができるわけです。「出勤する」は、多くの会社員にとっては go to the office ではなく go to work です。
- I will go to work tomorrow.「明日は会社に行く」

なお、複数形の offices にしても意味の変化はありません。

【order】
(不可算) 順序、整頓、秩序

不可算名詞の order は「順序」「整頓」「秩序」の意味です。
- State the events in chronological order.「できごとを時間の経過に沿って述べなさい」
- The names are written in alphabetical order.「名前はアルファベット順に書かれている」

第1章 使える語彙を身につけよう

in order of size は「大きさの順で」、in order of importance は「重要度順で」の意味になります。

- Put your papers in order.「書類はきちんと整理しなさい」
- The chairperson called the meeting to order.「議長は開会を宣言した」

call ～ to order は、議長が「静粛を求める」→「開会を宣言する」という意味です。

可算　命令、注文

可算名詞の order は「命令」「注文」です。

- Soldiers must obey orders.「兵士は命令に従わなければならない」
- I'm under orders not to let children in.「子どもは中に入れないようにと言われている」
- Could you take an order?「オーダーをお願いします」
- It's a tall order.「それは無理な注文だ」

a tall order は「無理難題」という意味の慣用表現です。

- Did you place an order for the book?「その本の注文してくれた？」

可算名詞としてはほかに「階層」「勲章」「教団」なども表します。

【pay】
不可算　賃金、給与

「賃金」「給与」の意味の pay は不可算名詞で、形容詞がついても絶対に不定冠詞はつきません。

- I haven't got overtime pay.「残業代をもらっていない」
- Take the job. The pay is good.「給料がいいからその仕事は受けたほうがいいよ」

【police】
(集合名詞) 警察

police は集合名詞で常に複数扱いです。
- Call the police.「警察を呼んでくれ」
- The police are hunting the suspect in the area.「警察はその地域で容疑者を捜索している」

【power】
(不可算) 力、力量、動力、支配

不可算名詞の power は「力」「力量」「動力」「支配」などの意味があります。最初の例文の power は ability（能力）の意味です。
- I will do everything in my power.「私にできることは何でもします」
- The party has been in power for two years.「その政党は2年間政権の座にある」
- Wind power is used to drive the machine.「その機械は風力で動く」

(可算) 大国、乗

可算名詞の power は「大国」や数学の「乗」を表します。
- The country is an economic power.「その国は経済大国だ」
- 2 to the power of 4 is 16.「2の4乗は16である」

(複数形) 知力、体力

複数形の powers は「知力」「体力」を表しますが、まれに単数形のこともあります。
- Alcohol affects one's powers of concentration.「アルコールは集中力に影響を及ぼす」
- He is at the height of his powers.「彼は今が体力のピークだ」

第1章　使える語彙を身につけよう

【research】
不可算　研究、調査

a research という語例をよく見かけますが、research は不可算名詞です。

- I am doing research on the tribe.「私はその部族について研究している」

【right】
不可算　正しさ、正義

不可算名詞の right は「正しさ」「正義」の意味です。

- You are old enough to know right from wrong.「お前ももう善悪の区別がついていい年頃だ」
- Might is right.「勝てば官軍」

可算　権利

可算名詞の right は「権利」です。

- You have no right to stop me.「あなたに私を止める権利はない」
- Everyone has a right to a fair trial.「誰もが公正な裁判を受ける権利がある」

「人権」にはいろいろな権利が含まれるので human rights と複数形になります。

複数形　版権

複数形の rights は「版権」の意味です。次の表現はよく目にするでしょう。

- All rights reserved.「不許複製」

【sale】
不可算　売ること

不可算名詞の sale は「売ること」です。on sale で「特価で」の

意味になります。
- I'm in the sale of cars.「私は車の販売をしている」
- They have put their house up for sale.「彼らは家を売りに出している」
- This was on sale.「これ、セールだったの」

可算　特売セール

saleを可算名詞の単数形で用いると「特売セール」の意味になります。
- The store is doing a back-to-school sale.「その店は新学期セールをしている」

複数形　売上高

saleを可算名詞の複数形で用いると「売上高」の意味です。sales amountという日本人の英語をよく見かけますが、amountは不要です。
- Sales have plunged.「売上が急激に下がった」
- The company experienced a decline in sales in February.「その会社の売り上げは2月に落ち込んだ」

【sanction】

不可算　認可

sanctionを不可算名詞として用いると、permission（許可）、approval（承認）の意味になります。
- No decision can be taken without the sanction of the board.「役員会の許可がなければ何も決定することはできない」

可算　罰

sanctionを可算名詞として用いると、punishment（罰）の意味になります。

第 1 章　使える語彙を身につけよう

- We have to impose all available sanctions for hacking.「ハッキングに対してあらゆる罰を科さなければならない」

(複数形) **制裁**

複数形の sanctions は国などに対する「制裁」の意味です。

- We have to tighten economic sanctions against the country.「その国に対する経済制裁をもっと厳しくしなければならない」

【saving】

(不可算)

saving には不可算名詞の用法はありません。

(可算) **節約**

saving は可算名詞の単数形として用いると「節約」の意味になります。energy saving（省エネ）などは save の動名詞です。

- This program brings you a significant saving in energy costs.「このプログラムにすると、エネルギーコストが大幅に節約できます」

(複数形) **貯金**

複数形の savings は「貯金」「貯蓄」の意味です。

- I don't have any savings.「貯金はまったくない」
- The woman had to live on her savings.「その女性は貯金をくずして生活しなければならなかった」
- Do you have a savings account in the bank?「銀行に預金口座はありますか」

【security】
(不可算) **安全保障**

security を不可算名詞として用いると、freedom or protection

1. 名詞編

from danger（危険がないことまたは危険からの保護）→「安全保障」、measures taken to guarantee the safety of a country or a person（防衛・防犯対策）の意味になります。

- It is a matter of national security.「これは国の安全保障の問題だ」
- The police tightened security around the building.「警察はそのビルの周囲の警備を強化した」
- For security reasons, passengers are requested not to leave any luggage unattended.「保安上の理由により、荷物から離れないようにお願いいたします」

（可算）（不可算） 担保、保証人

security は不可算名詞または可算名詞単数形で「担保」「保証人」の意味で用いられることもあります。

- My father agreed to stand security for my bank loan.「父は私の銀行ローンの保証人になることを承知してくれた」
- The lady pledged her expensive jewelry as security for the loan.「その女性は高価な宝石類をローンの担保にした」

（複数形） 株券、証券

security を複数形で用いると、「株券」「証券」の意味になります。ですから、証券会社は securities company です。security company は警備会社の意味になります。

- I am working for a securities company.「私は証券会社に勤めている」
- He has a lot of government securities.「彼は多くの国債を持っている」

第1章　使える語彙を身につけよう

【sky】
(不可算) 空

不可算名詞の sky は「空(そら)」で、基本的には the sky とします。

- The fireworks lit up the sky.「花火が空を照らした」
- Black clouds gathered across the sky.「黒雲が空に立ち込めた」
- A kite was high up in the sky.「凧が空高く上がった」

The sky is the limit. は「青天井だ」「可能性は無限である」という意味の慣用表現です。

- If this works, the sky is the limit.「これがうまくいけば、無限の可能性が広がる」

(複数形) 空模様

複数形の skies は「空模様」を表します。

- We will have clear skies tomorrow.「明日は快晴でしょう」

sunny skies は「晴れ」、cloudy skies は「曇り」です。

【sleep】
(不可算) 睡眠

不可算名詞の sleep は「睡眠」の意味です。

- I didn't get much sleep last night.「昨夜はあまり眠れなかった」
- Get some sleep.「少し寝たほうがいいよ」
- Go to sleep now.「もう寝なさい」
- This medicine induces sleep.「この薬は睡眠を誘発する」

(可算) 睡眠状態

sleep を可算名詞の単数形で用いると、a period of sleep（睡眠状態にある時間）を表します。

- Did you have a good night's sleep?「よく眠れた？」

- She was in a deep sleep.「彼女はぐっすり眠っていた」
- Have a good night's sleep.「ぐっすりお休みください」

(複数形)

sleep は複数形で用いることはありません。

【talk】

(不可算) 無駄話、噂、話し方

talk を不可算名詞として用いると、「空疎な話」「無用な話」「噂」「話し方」を表します。

- Politicians are all talk.「政治家は口先だけだ」
- There's talk of a general election.「総選挙が行われるという噂だ」
- I never use baby talk to my child.「私は子どもに赤ちゃん言葉は使わない」

(可算) 会話、スピーチ

talk を可算名詞の単数形で用いると、「会話」「スピーチ」の意味になります。

- I had a long talk with my teacher about my future career.「将来の職業について先生と長時間話した」
- He will give a talk on the new application.「新しいアプリについて彼がプレゼンをします」

(複数形) 会談

複数形の talks は「会談」の意味になります。

- The Prime Minister had talks with the US President yesterday.「昨日、首相は米国大統領と会談を行った」
- A second round of talks is scheduled for September.「2回目の会談は9月に予定されている」

第1章　使える語彙を身につけよう

【time】

不可算　時、時間

不可算名詞の time は「時」「時間」の意味です。

- Time heals all wounds.「時がすべての傷を癒してくれる」
- We have no time to lose.「一刻の猶予もならない」
- That will take time.「それは時間がかかる」
- Do you have the time?「今、何時ですか」

  この場合、time には必ず the がつきます。
- My watch keeps good time.「私の時計は合っています」
- How time flies!「時間がたつのはなんて早いんだろう」
- Do you have time to do that?「それをする時間はありますか」
- I will have to kill time.「時間をつぶさなければならない」
- What do you do in your spare time?「時間があるときは何をしていますか」

  in one's spare time で「暇なときに」という意味です。
- It's lunch-time now.「お昼の時間です」

可算　機会、経験、時間の長さ

time を可算名詞の単数形で用いると「機会」「経験」、形容詞とともに用いると「時間の長さ」を表します。

- When was the last time you saw him?「最後に彼と会ったのはいつですか」
- Every time I see him, we go to the pub.「彼と会うときまってパブに行く」
- It is not an appropriate time to discuss the topic.「それは今、話すことじゃない」
- Did you have a good time in L.A.?「ロスは楽しかった？」
- I had a terrible time at the party.「パーティでひどい目に遭った」
- We haven't seen him for a long time.「私たちは長いこと彼に

会っていない」

(複数形) 時代

複数形の times は「時代」の意味です。

- Times have changed.「時代は変わった」
- The company is getting ahead of the times.「その会社は時代を先取りしている」

【war】
(不可算) 戦争（概念）

不可算名詞の war は概念としての「戦争」を表します。

- The incident may lead to war between the two countries.「その出来事は、二国間の戦争につながりかねない」
- The country tried to avoid war at all costs.「その国は、なんとしても戦争を避けようとした」
- The country declared war on Iraq.「その国はイラクに対して宣戦を布告した」

ほかにも、go to war against ～「～との戦争を始める」などがあります。

(可算) 個々の戦争

war を可算名詞の単数形で用いると、実際に起こっている「1つの戦争」を表します。

- A price war is going on among airline companies.「航空会社間で価格競争が起こっている」
- A war is raging in that part of Africa.「アフリカのその地域で激しい戦争が繰り広げられている」

比喩的にも用いられます。

第1章　使える語彙を身につけよう

- Doctors are fighting the war against cancer.「医師たちはガンと闘っている」

(複数形)
war は複数形で用いても別の意味になることはありません。

【wood】
(不可算)　木材、樹木、薪

不可算名詞の wood は「木材」「樹木」「薪」の意味です。

- Most furniture is made of wood.「ほとんどの家具は木製だ」
- Please chop some wood for the fireplace.「暖炉用に薪を割ってちょうだい」
- Dry wood burns easily.「乾燥した木材は燃えやすい」

(可算)　ウッド

wood を可算名詞の単数形で用いるとゴルフクラブの「ウッド」を意味します。

- I don't have a three wood.「私は3番ウッドは持っていない」

(複数形)　森

複数形の woods は forest より小さい「森」を意味します。

- Let's go for a walk in the woods.「森に散歩に行こう」

wood を用いた慣用表現を挙げておきます。

- You don't see the wood for the trees.「君は細かいことにこだわって大局が見えていない」

not see the wood for the trees で、「木を見て森を見ず」の意味です。

- My mother is out of a coma, but she is not out of the woods yet.「母は意識が戻ったがまだ安心できない」

out of the woods で free from trouble の意味です。

【word】

(不可算) 知らせ

不可算名詞の word は「知らせ」の意味です。

- Please send me word of your arrival.「着いたら知らせてね」
the word とすると rumor（噂）の意味になります。
- The word is that he has left the city.「噂によると彼は街を出たらしい」

(可算) 単語、言葉

word を可算名詞（単数・複数ともに）として用いると、「単語」「言葉」の意味になります。

- He left the party without a word.「彼は一言も言わずにパーティをあとにした」
- Please explain in your own words.「自分の言葉で説明してください」
- How many French words do you know?「フランス語の単語をいくつ知っていますか」
- Actions speak louder than words.「行いは言葉より雄弁なり」

(単数＋所有格) 約束

word に所有格をつけると「約束」の意味になります。単数形で用います。

- Believe me. I give you my word.「信じてくれ。約束するよ」
- They kept their word.「彼らは約束を守った」

(大文字＋the) 聖書

the Word は「神の言葉」で、聖書とその教えの意味になります。the word [Word] of God と言うこともあります。

(複数形)

word は複数形で用いても別の意味を表すことはありません。

第1章　使える語彙を身につけよう

　word を用いた慣用句をいくつか挙げておきます。まず日本語の「口コミ」は、英語では by word of mouth と言います。冠詞も何もつきません。

- The scandal spread by word of mouth.「そのスキャンダルは口づてで広がった」

　in other words（言い換えれば）も慣用表現です。

- Mark my words.「いいですか、よく聞いてください」

　mark one's words で「人の言うことをよく聞く」「注意を払う」という意味になります。

- Don't translate word for word.「逐語訳しないでください」

　word for word で「一語一語」「一字一句違わず」という意味です。

【work】

(不可算)　労働、職、やること

　work を不可算名詞として用いると、the use of physical strength or mental power（肉体的または精神的な力を使うこと）、つまり「労働」「働くこと」「職」「何かをやること」を意味します。

- I have a lot of work to do today.「今日はやることがたくさんある」
- She has been out of work for two years.「彼女は2年間、失業している」

　out of work の反対は in work となります。

- Is this all your own work?「全部あなたがやったの？」
- It's hard work.「これは骨の折れる仕事だ」
- I go to work at nine.「私は9時出勤です」
- Let's get down to work now.「さあ、仕事に取り掛かろう」

1. 名詞編

(可算)

work は可算名詞単数形で用いることはまずありません。

(複数形) 作品、製作所、土木事業

work を複数形で用いると「作品」「製作所」「土木事業」の意味になります。

- The place is exhibiting works by local artists.「そこで、地元のアーティストの作品を展示している」
- I read the complete works of Shakespeare when I was young.「私は若い頃、シェークスピア全集を読んだ」
- The government is trying to slash the budget for public works.「政府は、公共事業の予算を大幅に削減しようとしている」
- The company is operating an engineering works.「その会社は製作所を運営している」

2. 動　詞　編

　日本人学習者には、英語話者にとってやさしい単語ほど使うのが難しいはずです。それは辞書の訳語で意味を覚えるからです。実際は日本語と英語が一対一対応していないことが多々あります。まず「英語は日本語と一対一対応している」という幻想を捨て去ってください。

　go =「行く」とだけ覚えている人がほとんどでしょうが、これでは対応できないことが多々あります。基本単語ほど、基本概念を習得することと、そこから派生する様々な表現の範囲をつかむことが大切です。逆に言えば、高校1年生までに習った動詞の基本的な意味範囲を身につけておけば、big words（おおげさな言葉）を使わなくても言いたいことを表現できます。いや、むしろそれこそが望ましい英語なのです。

　Plain Englishの提唱者であるRudolf Flesch博士は、Plain Englishの基本動詞として50語を挙げています。私は日本人のためにさらにmoveとhaveの2語を加え、52語を基本動詞としました。この52語に副詞（adverb）や前置詞（preposition）を組み合わせれば、表現できることは無限です。言えないことはないと言っていいほどです。

　これらの英語の核と言うべき単語は、人間の基本動作を表す短いアングロ・サクソン系の動詞です。コミュニケーションの手段としての英語を目指す皆さんにとっては、自分で使いこなせる動詞は、この52語で必要にして十分なのです。これらの基本動詞を徹底的に自分のものにすることこそ、英語上達の秘訣です。

2. 動詞編

| **MOVE** | **to change place or position** |

　moveの基本概念はto change place or positionで、物の「動き」を表す最も一般的な単語です。その意味論的な範囲は日本語の「動く」よりはるかに広いのです。たとえば、「引っ越す」はmoveです。引っ越すとは「ある場所からある場所へ住まいが移る」ことですから、英語ではmoveを使います。「引越し屋さん」はmover、moving companyと言います。

　「風で木の葉が揺れる」の「揺れる」「揺する」は和英辞典にはshake、swayなどの語が載っています。このような場合でもmoveで十分です。木の葉が「揺れる」ことは、すなわち木の葉が「動く」ことです。また、moveは気持ちなどが「動かされる」場合にも使えます。

1. Have some Daikon. It moves the bowels. 「大根を食べれば、お通じがよくなりますよ」

　「腸を動かす」→「お通じがよくなる」となります。

2. Sorry. We can't take these expensive clothes. Maybe Jane's shop can move them. 「悪いけど、うちではこんな高い服は扱えないよ。ジェーンの店ならハケるかもしれない」

　clothesが自分から動くことはありません。「商品などが売れる」というような場合、moveを使うと「売れる」から「ハケる」という感じが出ます。もちろん、このmoveはsellと言い換えることもできます。

3. The country is moving toward protectionism. 「その国は保護貿易主義へと傾いている」

　「保護貿易主義のほうへ動いている」ということは「保護貿易主義へと傾いている」ということですね。

第1章　使える語彙を身につけよう

HAVE　　　　　　　　　　　　　　　　　　to be with

haveの概念はto be withで、文の主語と目的語が「同居」しているということです。日本人はhave＝「持つ」、と考えがちですが、日本語の「持つ」は、I have a book in my hand.のような場合に、たまたま「持っている」という日本語になるだけで、むしろhaveは「持っている」と訳さない場合のほうが多いのです。He has a cheerful disposition.は日本語では「彼は性格が明るい」であって、決して「明るい性格を持っている」とは言いません。haveの根底にはto be withという基本概念があるということを、常に頭に置いておきましょう。

1. I have had it. / I have had enough.「もうたくさんだ」

2. You have a nice smile.「君の笑顔は素敵だ」
   直訳すると「君は素敵な笑顔を持っている」ですが、いつもにこにこしているわけではありません。

3. She had the hotel suite to herself.「彼女はホテルのスイートルームをひとり占めにした」
   have ～ to oneselfは「～をひとり占めする」という成句です。

BEAR　　　　　　　　　to have something hard to take

bearの基本概念は、to have something hard to takeで、基本的にはhaveと同じですが、bearには何らかの「困難さ」が伴います。たとえば、bearの訳語にあたる「耐える」、赤ん坊を「産む」、あるいは何かを「実らせる」ことは、いずれも苦労なしにはできないことです。訳語だけを見ると無関係のようであっても、その根底には、はっきり共通の要素があることがおわかりいただけるでしょ

う。

　学校では、bear の同義語として stand、put up with などを機械的に教えています。しかし、stand the situation（その状況を我慢する）とは言っても、bear the situation とはあまり言いません。bear には、あくまでも「困難なことに耐える」というニュアンスがあります。同時に、bear の根底には have があることを忘れないでください。たとえば、bear the burden とは言っても、stand the burden とは言わないのです。

1. The ice is too thin to bear your weight.「氷が薄いから君の体重では無理だ」
　この場合、bear は hold up、support で言い換えられます。

2. I am a bit serious today, but please bear with me.「今日はちょっと真面目な話をしますが、しばらくおつきあいください」
bear with 〜 で to be patient with の意味です。

3. Lisa bears a grudge against Stan.「リサはスタンに恨みがある」
　このように否定的な感情を抱く場合は bear を用います。

BLOW　　　　　　　　　　　　　　　　to move air

　blow を「吹く」とだけ覚えていては不十分です。blow の基本概念は to move air（空気を動かす）です。同じ「動き」には違いありませんが、空気などの気体に関係がある動きを表します。空気が風となって動くには、力が必要です。つまり「力を伴った動き」「すばやい動き」です。「鼻をかむ」は blow one's nose で、鼻の中の空気を勢いよく動かすことです。空気が勢いよく吹けば、物は飛んでいってしまい「ダメ」になります。blow an occasion は「ある機

第 1 章 使える語彙を身につけよう

会をふいにする」です。ただし、blow がこのように ruin の意味で用いられるのは主に口語です。

1. Blow your nose, Ken.「ケン、鼻をかみなさい」

2. She got drunk, and blew the party.「彼女は酔って、パーティを台無しにした」

パーティや休暇などを「台無しにする」というような場合も blow で表現できます。

3. Jane got too nervous when her turn came, and she blew her lines.「ジェーンは自分の番が来たときあがってしまい、言うべきことを忘れてしまった」

lines は「自分の言うこと」で、芝居などにおいては「セリフ」のことです。

BREAK　　　to come apart, to destroy the wholeness of ～

break の基本概念は、to come apart (バラバラになる)、to destroy the wholeness of ～ (～の一体性や連続性を断つ) ことです。突発的な状況の変化を break で表すこともあります。breakfast は fast を break する、つまり「食を断つ状態の連続性を断つ」ことです。

「休憩」もやっていることの連続性や一貫性が途切れるので break を使います。coffee break (コーヒー・ブレーク) は日本語になっています。急に今までの状態が断たれて違う状態になる、たとえば戦争が「勃発する」のは break out です。「壊す」は「あるものが保っていた状態を変化させ、形を変える」ということです。

1. The day is breaking soon.「もうすぐ夜が明ける」

2. The news broke her heart.「そのニュースを聞いて、彼女は胸がはりさけんばかりであった」
heart は feelings「感情」を表します。

3. Can you break a 10,000 yen bill?「1万円札、くずせますか」

4. John is active in class. He always breaks the ice.「ジョンは授業中とても積極的で、いつも（質問などの）口火を切る」
break the ice は「口火を切る」という成句です。

5. He broke.「彼はキレた」
「キレる」にも break が使えます。我慢しきれずにそれまでの精神状態が断たれるということです。

BRING　　　　　　　　　　　　　　　　to come with

bring を「持ってくる」とだけ覚えていては役に立ちません。bring の基本概念は to come with で、come と同様「到達点に至る」というところに視点があります。bring は to come with ～「～とともにある到達点へ近づく」ということです。

1. Spring brings warm weather and beautiful flowers.「春の訪れとともに暖かくなり、美しい花が咲く」

2. Hard work and dedication will bring you success.「一生懸命努力すれば成功するよ」
「一生懸命努力することが君に成功をもたらす」ということです。

3. Party games bring a party to life.「パーティ用のゲームはパーティを盛り上げる」
bring ～ to life は「～に活気を与える」という意味です。

4. Do I have to bring my son to your office, Doctor?「先生、息子を連れて行ったほうがよろしいでしょうか」

CALL　　　　　　　　　　　　　to give a signal to ～

　call は「呼ぶ」と訳されますが、その用いられる意味の範囲は「呼ぶ」よりはるかに広いものです。call の基本概念は to give a signal to ～（～にシグナルを出す）です。本来は「大声を出して自分の存在を知らせて、相手の応答を求める」ということで、そこからいろいろな意味が派生してきました。たとえば、On his way home, John called at his friend's office.（帰宅の途中、ジョンは友人のオフィスに立ち寄った）という文では、声ではなくて、自分自身が行ったことになります。また、船が港へ call（＝寄港する）も同じニュアンスです。ただし、これらの場合は、visit と違って、いずれも比較的短い訪問を指します。call を用いることで「ちょっと立ち寄る」といった感じが表せます。

1. The chairman called the committee to order.「議長は委員会の始まりを告げた」

　call ～ to order は「（会議などを）開始する」という意味です。この場合、～の部分には convention、committee、meeting などの「集まり、会議」を表す語が来ます。

2. The liner will call at Kobe on Tuesday.「定期船は火曜に神戸港に寄港するでしょう」

　基本概念の説明で述べたようにそんなに長い滞在ではありません。

3. Please call me at eight tomorrow morning.「明日の朝8時に起こしてください」

　文脈によって「呼んで起こす」と「電話をかける」の意味になり

ます。ホテルの wake up call（モーニングコール）は後者です。

CARRY	to have＋to move

　carry は「運ぶ」とだけ覚えていたのでは手に負えないほど広い範囲にわたって用いられる動詞です。carry の基本概念は to have＋to move で、have（＝to be with）の概念に、時間的・空間的広がりを加えたものです。たとえば、Don't carry a lighted cigarette. と言えば「火のついたタバコを持って動くな」→「歩行喫煙を禁じる」ということです。このように carry は主語が目的語と一緒に動くことを意味します。目的語だけを「動かす」のなら move です。

1. The loan carries 5.5% interest.「そのローンの金利は 5.5 パーセントだ」

　carry を使うことによって、ローンが続く限り利子もついてくることがわかります。

2. We don't carry leather goods.「うちでは革製品は扱っていません」

　to keep in stock や to sell の意味で用いられています。このように、店が製品を扱うという場合も carry で表現します。

3. The first violins carry the melody.「第 1 バイオリンがメロディを奏でる」

　第 1 バイオリンが曲の最初から最後までメロディを受け持つ感じが carry でよく表せます。

CAST	to send ～ through the air with force

　cast の基本概念は、throw（＝to send ～ through the air with force）

とほとんど同じです。ただし、throw に比べて cast のほうが形式的で、堅い感じが強く、主に成句として用いられます。たとえば、The study cast doubt on the safety of the product.（その研究は、製品の安全性に問題を投げかけた）の cast doubt on ～ は、成句として使われています。

1. Her beauty cast a spell over [on] him.「彼女の美しさは彼をすっかりとりこにした」
   cast a spell over [on] ～ は、「呪文にかける」「魅了する」という意味のイディオムです。

2. The snake cast its skin.「ヘビは脱皮した」

3. Voters cast their ballots for mayor every four years.「市長選は4年ごとに行われる」
   cast a ballot は「投票する」の意味で vote と同じです。

CATCH　　　　　　　　　　　　　　　　to take＋to hold

　catch の基本概念は、to take + to hold。本来は、何か動くものを take（取る）し、hold（つかまえる）するという意味で、ふつう、動かないものには用いません。たとえば、catch a criminal は罪人を「捕らえる」。criminal が動かず捕まるのをじっと待っているはずはありません。また、「動くもの」を take し hold するということは、その動くものを「止める」ということでもあります。日本語の「息を飲む［止める］」は、英語では catch one's breath と言います。要するに catch は、常に「動き」に関係があるわけです。catch が目的語なしの自動詞として用いられる場合は、その文の主語が「動くもの」になります。たとえば、The lock doesn't catch.（鍵がうまくかからない）と言えば、主語の lock が「動くもの」です。

1. The hook doesn't catch.「止め金がうまくひっかからない」

これは基本概念の説明の中の例文と同じく、主語の hook が「動くもの」です。

2. I got up early to catch the first train.「始発列車に乗るために早起きした」

このように catch は、「乗り物に間に合って乗る」という意味で使われます。反対に「乗り遅れる」「乗りそこねる」は miss を使います。

3. Oops! Be careful. You almost caught the wine glass with your elbow.「おっと！ 気をつけろよ。もうちょっとで君はひじでワイングラスをひっかけるところだったぞ」

your elbow を your sleeve に変えると、「袖口でひっかける」となります。

COME　　　　　　　　　　　　　　to move toward

come の基本概念は to move toward。go (= to move along) とは反対に、起点より到達点に重点があります。go は、ある起点から遠ざかる動きであるのに対して、come は**話者の頭の中にある到達点に近づく動き**を示します。このことから、come は「結果」を表すこともできます。

一般に come は「来る」という形で覚えますが、むしろ come は「ある点への動き」、go は「ある点からの動き」と理解しておくといいでしょう。たとえば、人と電話で話していて、これからその相手の家へ「行く」と伝えるのであれば I am coming. と言います。I am going. では電話の相手とは別のところへ「行く」ことになります。

1. Money comes and goes.「金は天下の回り物」

第1章　使える語彙を身につけよう

「お金が入ってきて出て行く」→「金は天下の回りもの」ということです。

2. The rice is coming well this year.「今年は稲の育ちがいい」

「お米がよく実っている」という結果を表します。

3. Clarity comes first.「明確さが一番大切です」

この come は物事の重要さの度合い (priority) を表しています。first を用いることによって「〜が最優先される」を表します。

4. This sweater comes in three colors.「このセーターは色が3種類あります」

製品などがいろいろな色やサイズがあるという場合には come で表します。

| CUT | to divide, separate, open, remove with something sharp |

cut の基本概念は to divide、separate、open、remove with something sharp で、本来は「何かを突き刺す」という意味です。break は「物の一体性がなくなり、原形をとどめなくなる」ことでしたが、cut は「連続性やある物の部分が損なわれる」という意味です。もちろん、そこには separate (分離する) という意味も含まれています。

cut は「〜を切る」という意味で他動詞として用いられることが多いですが、This knife cuts well. (このナイフはよく切れる) という形では、cut が「切れる」という意味の自動詞になることも覚えておきましょう。

1. His statement really cut me.「彼の言ったことは、ひどく私を傷つけた」

「人の気持ちを傷つける」とhurtと同じ意味で使われていますが、cutの「何かを突き刺す」が効いて、「ぐさっと傷つけた」という感じが出ます。

2. Kelly cut P.E. and went home.「ケリーは体育をさぼって家に帰った」

cut a classは「生徒が授業をサボる」という意味です。「授業をカットする」のように学校側の措置として述べる場合は、cutではなくcancelを用います。

3. The meat cuts tough.「肉が硬くて切れない」
cutを自動詞として使っています。

DO　　　　　to carry on an activity to its end

doの基本概念はto carry on an activity to its end（何かを終わりまでやる）です。自動詞では「完結性がある」→「用をなす」→「役に立つ」という意味になります。たとえば、This will not do.は「これでは用をなさない」→「役に立たない」です。I am done.はI am finished.という意味になります。doは英語の中で最も基本的な動詞の1つで様々な語と組み合わされていろいろな意味に発展します。

1. I've got to do my homework tonight.「今夜、明日の下準備をしなくちゃ」

学生ならdo one's homeworkは「宿題をする」の意味ですが、ビジネスの場でも「下準備をする」という意味で使われます。

2. Kelly does Mickey Mouse very well.「ケリーはミッキーマウスの真似がとても上手だ」

「～を真似る」という意味です。

第 1 章　使える語彙を身につけよう

3. Ten thousand yen will do?「1 万円で足りるかい」

ここでは「1 万円で用をなす」→「1 万円でまかなうことができる」→「1 万円で足りる［間に合う］」ということです。

DRAW　　　　　　　　　　　　　　to pull smoothly

draw の基本概念は to pull smoothly です。容易に pull（引く）するということです。机の引き出し（drawer）は、力いっぱい引くのではなく軽く引き寄せてこそ役に立ちます。鉛筆で紙の上に「線を引く」場合も滑らかに引くから pull ではなく draw です。

draw は pull より意味範囲が広くかつ深い言葉で、たとえば draw には「ものの中身を引き出す」という意味も含まれます。draw tea は「お茶を煎じてそのエッセンスを引き出す」ことです。

1. Please draw a hundred thousand yen from the bank.「すまないが、銀行で 10 万円おろしてきてくれないか」

2. Let the tea draw for ten minutes.「このお茶は 10 分間煎じてください」

このように自動詞的に用いることもできます。

3. It's difficult to draw the line between a gift and a bribe.「贈り物と賄賂を区別するのは難しい」

この draw the line は比喩的に「(線を引いて) 区別する」ということです。the を a にして draw a line とすると、to set a limit の意味で使われることがあります。「どこかで線を引く」→「そこから後ろの人やものは入れないよう制限する」ということです。

52

2. 動 詞 編

| **DRIVE** | **to make go** |

　drive の基本概念は to make go（進行を促す）という意味です。名詞の drive が「やる気」を表すことがあります。やる気とは何かを「推し進める」気持ちのことですから、He has a lot of drive. と言えば「彼はやる気満々である」という意味になります。drive を「運転する」と訳すのは車に関係したときだけで、もともとは車などをエンジンの力で「推し進める」という意味から出たものです。

1. Magnetic force drives the mechanism.「その機械装置は磁気の力で動く」

　磁力がその機械の動きを「推し進める」のです。

2. Ambition drove him to murder.「野望のために彼は殺人まで犯した」

　野望が彼を「推し進め」て、人を殺すことまでさせてしまったのです。

3. It's pride that drives her.「彼女を支えているのは彼女の自尊心です」

　彼女のプライドが彼女を「推し進め」てやる気にさせているのです。

| **DROP** | **to fall suddenly** |

　drop の基本概念は to fall suddenly で、突発性や意外性を含んだ「落ちること」を意味します。別な見方をすれば、drop は fall より瞬間的で、drop が「点」であるのに対し、fall は「線」です。この違いは、raindrop（雨滴）と rainfall（降雨）の使い方によく表れています。drop には連続性がなく、fall は連続性があると言ってもよい

でしょう。

またdropは、fallよりも意味の範囲が広く比喩的にも用いられます。fallは「高いところから下への動き」しか表しませんが、dropは突発性や意外性を含んでいることから、たとえばdrop by（ふらっと立ち寄る）のように使えます。

1. Most people do not drop dead during social encounters.「人は、ふだん他人と話している最中に急死するなんてことは、めったにない」

 drop deadで「急にdeadの状態に陥る」、つまり「急に死んでしまう」「ポックリ逝く」という意味です。

2. The actor dropped from public attention.「その俳優は世間から忘れられた」

 dropを使うことで、人々の記憶の中から「フッと消えてしまう」、つまり「忘れ去られてしまう」という感じが出ています。

3. Let's drop the subject.「ちょっと、それはやめようよ」

 「取り上げられていた話題を落とす」→「やめる」という意味で、他動詞として用いられています。drop the caseは「訴えを取り下げる」という意味です。

FALL　　　　to come down from a higher place

　fallの基本概念はto come down from a higher place（ある位置から、それより低い位置へ動く）ことです。この場合の「位置」は物理的なものだけでなく、価値・程度・質など比喩的なものも含みます。fallはdropと違い突発性や意外性は含まれていません。dropは点、fallは線ですから、fallは低い位置への「動きの過程」を表します。たとえば、Oil prices fell. と Oil prices dropped. では、drop

のほうが急に落ち込んだ感じに、fall は徐々に下落していく感じになります。

1. His popularity is falling.「彼の人気は下降線をたどっている」
「人気が徐々に落ちている」ことを表しています。drop の例文、The actor dropped from public attention. と比べてみましょう。これで fall と drop の違いがおわかりいただけるでしょう。

2. Paris fell in 1940.「パリは 1940 年に陥落した」
比喩的な意味で fall したということです。

3. The wind has fallen.「風が凪いだ」
「風が凪ぐ」は風が収まることですから fall がぴったりです。

GET　　　　　　　　　　　　　　　　　to come to have

　get の基本概念は to come to have で、根底の意味は have（＝to be with）とほぼ同じです。ただし、have は「状態」に重点がありますが、get は have に至る過程や行動に重点があります。take に比べると get は主体性が薄く、主語の意図に関係なく結果的に have の状態になっているというニュアンスがあります。Did you take it? と Did you get it? では、take が自分から it を have の状態に持っていく感じなのに対して、get は主語の意思とはかかわりなく、何らかの状況によって have の状態になることを表します。来学期に何かの科目を「とる」と言う場合は take を用いますが、先生から A をもらったと言う場合は get を用います。

1. "Get it?" "Yes, I've got it."「わかった？」「うん」
　会話でよく使われる表現です。全部言うと Have you got it? ですが、ふつうは例文のように省略されます。なお、it は共通の理解を

第1章　使える語彙を身につけよう

表し、「共通の理解があるか」ということです。

2. Would you get me the front desk?「フロントをお願いします」

電話のオペレーターに「どこどこをお願いします」と言う場合、このように get を用いて簡単に言えます。

3. Please get the phone.「電話に出てちょうだい」

GIVE　　　　　　　　　　　　　　　　　　to let have

give の基本概念は to let have です。他動詞の give は「目的語を人などに have させる」ことです。たとえば、I gave a book to him. と言えば、1冊の本を彼に have させるわけです。それに対して、自動詞の give は主語自体を何らかのものに「与える」ことになります。たとえば、The lock gave when I pushed hard against the door. と言えば、the lock そのものが give する、つまり「鍵が (壊れるかどうかして) 開く」という意味になります。

1. The ice will give under your weight.「君の重さじゃ氷が割れるよ」

「the ice そのものが give する」ということです。

2. Give me your attention, please.「ちょっと、こちらにご注目ください」

3. Please give me your telephone number.「あなたの電話番号を教えてください」

「your telephone number を me に have させる」ということです。

GO　　　　　　　　　　　　　　　　to move along

　go＝「行く」と覚えますが、「行く」は到達点が示されている場合の1つの訳例にすぎません。go＝「行く」という図式が頭の中でできてしまっていては、go を使いこなせません。go の基本概念は to move along で、話者の頭の中で「ある起点から遠ざかっていく」という動きを表します。到達点が示されない場合は、制限なく出発点からどこまでも離れるということになり、go は「(物が) なくなる」、人ならば「死ぬ」ことも表します。She went peacefully last night. は「彼女は昨晩安らかに息を引き取った」です。日本語でも「息を引き取る」と言いますが、同じような婉曲用法です。

1.　How does the song go?「その歌はどんな感じですか」
　「歌はどんなふうに進行するのか」→「どんな曲か」という意味になります。

2.　Things went from bad to worse.「弱り目に祟り目だった」
　ここでは go の範囲を from ～ to ... を使って限定してあります。「bad から worse へ行く」→「弱り目に祟り目だ」と訳せます。

3.　Everything must go.「全品売り尽くし」
　「売り切れる」は sold out を用いて All the goods are sold out. とする人が多いと思いますが、これでは「現在の状態として品物が全部売り切れている」と述べているだけで、「全品売り尽くし」という含みは表現されません。「全品売り尽くし」には、「今ここにあるものを全部売ってしまおう」という売り手側の決意 (must) が入っています。go を使えば「(物が全部出ていって) なくなる」というニュアンスが伝えられます。

第1章　使える語彙を身につけよう

HANG　　　　　　　　　　　to fasten at one end

　hang の基本概念は to fasten at one end で、「ものの両端の片方だけが別のものとつながっている」という位置関係を示します。日本語の「吊るす」「ぶら下がる」は、あるものが上方の端だけ別のものとくっついていて、下部が接触していない状態で、hang より限定的です。たとえば、The swing hangs from a tree. は「ブランコが木にぶら下がっている」で合っていますが、to hang a door on its hinges は「戸をちょうつがいで止めておく」という意味で、必ずしも上方だけが固定されているとは限りません。hang はタテ・ヨコどちらかが固定されていればいいわけです。

1. I helped her hang the picture on the wall.「私は彼女が壁に絵を掛けるのを手伝った」

　絵を掛けるときは、額のひもを壁の金具に引っ掛けるので hang です。

2. A 12-year-old girl hanged herself to escape from bullying.「12歳になる少女は、いじめから逃れるために首吊り自殺をした」

　hang は hang-hung-hung と不規則変化をしますが、「首を吊って殺す」の意味の場合は hang-hanged-hanged と規則変化をします。また、ここでは「自分の首を吊った」のですから、hang のあとに herself を入れなくてはなりません。

3. Smog hung over Tokyo.「スモッグが東京上空に垂れ込めた」

　空の一端にスモッグがついて、その部分が東京の上にあると考えるといいでしょう。

HOLD　　　　　　　　　　　　　to grasp＋to keep

　hold は「つかむ」だけ覚えても使いこなせません。hold の基本概念は grasp（つかむ）＋keep（保持する）で、その根底には have があります。ただし、hold には have より主体性と積極性があり、control（支配する）のニュアンスがあります。

1. How many persons does this hall hold?「このホールは何人収容できますか」
　ホールの中に何人の人間を keep しておけるかということです。

2. How long will this rope hold?「どれぐらいの間、このロープは持ちますか」
　「ロープが切れないでいる」ことを意味します。

3. Hold it!「そのまま！」
　control よりさらに強い stop の意味になっています。hold はこの意味では命令文で使うのが普通です。

KEEP　　　　　　　　　　　to have and not let go

　keep の基本概念は to have and not let go で、have に時間的な広がり（duration）が加わったものです。このような基本概念から、あるものが変化せずにそのままの状態を「保つ」という意味が出てきます。たとえば、「心にとめておく」は keep 〜 in mind です。これを have 〜 in mind と比べてみましょう。have のほうは duration の意味合いが出ず、「とめておく」という意味になりません。have 〜 in mind は「心にあることを持っている」「思う」という意味になります。keep にこの duration の意味があることを頭に入れておきましょう。

第 1 章　使える語彙を身につけよう

1. She always keeps the garden.「彼女はいつも庭の手入れをしている」

「庭の状態を変化させず、そのままの状態を保たせる」ということから、「手入れをする」という意味になります。

2. Milk does not keep long in hot weather.「暑いと牛乳はすぐ悪くなる」

ここでは keep は自動詞として使われているため「長く持たない」、つまり「すぐ悪くなる」という意味になります。自動詞としてのここでの keep は、「もとの状態が続く」という意味で使われています。

3. How long can I keep this book?「この本どのくらいお借りしていてよろしいですか」

「どのくらい私が持っていてよいか」ということです。

LAY	to put ～ in place

　lay の基本概念は to put ～ in place（～をある状態にする）ということです。この場合の in place は、in the right place（正しい場所に）、in the proper position（適切な場所に）の意味です。このことから lay は put とは異なり、何らかの目的に適するようにきちんと put する、というニュアンスがあることがわかります。たとえば、ケーブルなどを「設置する」という場合は put ではなく、lay を用いて lay a cable と表現します。日本語での、単に「横にする」という意味だけでなく、lay はいろいろな名詞と組み合わされて幅広く用いられます。

　また、lay は他動詞ですから、自動詞の lie と混同しないよう、注意が必要です。これは日本人だけの問題ではなく、アメリカ人でも lay と lie の区別がついていない人が大勢います。この 2 つの動詞の

変化形はそれぞれ、lay—laid—laid、lie—lay—lain となります。

1. The chicken hasn't laid eggs lately.「そのニワトリは最近卵を産んでいない」

　lay に eggs という名詞を組み合わせると、「卵を産む」という意味になります。卵を to put in the right place ですから、いかにも nest に卵を産みつける、といった感じですね。

2. They laid the carpet on the floor.「床にカーペットを敷いた」

　この場合 put を用いて、put the carpet on the floor と言えば、床の一部にカーペットを置いたとも考えられます。日本語で言う「敷く」は英語では必ず lay を用います。

3. They will lay another scheme.「別の手立てを講じるだろう」

　lay に scheme のような「計画」といった意味の名詞が組み合わさると、lay は to arrange の意味になります。scheme は、ただの plan ではなく、より強い意味があります。日本語の「手立て」という言葉がぴったりでしょう。

LET　　　　　　　　　　　　　　　　　　　to allow

　let の基本概念は to allow です。allow と違うのは let は副詞や前置詞とともに広範囲な意味を表せる点です。両者はそれぞれ、let +目的語+ do、allow +目的語+ to do の形をとります。to の有無に注意しましょう。

1. Come on, Kelly. Let yourself go. Have more beer.「まあいいじゃないですか、ケリー。ビールをもっとどうぞ」

　let oneself go は「普段より自由気ままにふるまう」という意味です。

2. Let it be.「なるがままにさせておきなさい」

ビートルズの有名な曲ですが、やはり to allow の意味です。「そのままでいることを許容する」→「自然の成り行きにまかせて何も働きかけないでおく」となるわけです。

3. Let go!「放して！」

to stop holding の意味です。この否定形である Don't let go! は「放さないで、しっかり持っていて！」という意味になります。

LOOK　　　　　　　　　to use the eyes, to appear

look の基本概念は to use the eyes と to appear で、どちらも vision（見ること）に関係がありますが、使い方が異なります。to use the eyes の場合、look を単独で用いることは、命令文の Look.（見ろ）を除いてほとんどありません。通常は、副詞や前置詞を伴っていろいろの意味に発展し、最も一般的な表現が look at 〜（〜を見る）です。これは「〜の部分に目を使う」から出ています。

to appear の場合は主語とその説明語句とを連結し、be 動詞と同じ働きをします。意味的には be 動詞に視覚的な要素が加わっています。たとえば、It is good. と It looks good. を比べてみると、It is good. は「それはよい」と事実として述べているのに対し、It looks good. は「それはよさそうだ」と、外見上の見解を述べています。後者は実際は good でないこともあるわけです。

1. We looked but saw nothing.「目を向けてみたが何も目に入らなかった」

look は to use the eyes to see something（何かを見るために目を使う）と意志的で、see は to come into sight（視野に入ってくる）と無意志的です。

2. 動詞編

2. John doesn't look his age.「ジョンは年相応に見えない」

to appear の概念で使われ、「彼は外見上、その年齢の人とは思えない」ということです。

3. You are looking good.「かっこいいね」

4. Look, son. This is very important.「いいか、これはとても大切なことなんだよ」

この Look. は、何かを人に促すようなときに言う呼びかけの言葉です。直訳すると「見ろ！」となりますが、よく使われる Listen! と同じ働きです。

MAKE	to bring 〜 into being

make の基本概念は to bring 〜 into being（〜を存在に至らしめる）ということです。対象は物に限らず、状況や形態など何でもありえます。ある状況が存在に至れば、物事が「変化する」こともあります。たとえば、I will make you happy.（私はあなたを幸せにする）では、「you を happy（幸福な）という状況に至らしめる」=「you にとっての状況の変化」です。You will make a good wife for him.（あなたは彼のいい奥さんになるよ）では、「you が a good wife になるための資質などを持ち合わせている」というニュアンスがあるので make が使われます。

1. Oxygen and hydrogen make water.「水は酸素と水素でできています」

2. You can make Kyoto around noon if you hit the road right now.「いま出発すれば、お昼ごろには京都に着けるよ」

「京都という場所に至らしめる」→「京都に到着する」となります。hit the road は、「出発する（leave）」の informal な言い方です。

第1章　使える語彙を身につけよう

3. Wine makes the meal.「ワインが食事の決め手です」

make はこのように to give the particular qualities of 〜 や to complete という意味にも使われます。

PICK　　　　to take 〜 with something pointed

pick の基本概念は to take 〜 with something pointed で、「先の細いもので何かをとる」という意味です。この「先の細いもので take する」ところから、「選ぶ」という意味が出てきます。「選ぶ」という意味では、choose がありますが、choose は decision（決定）を表す言葉です。同じ「選ぶ」でも pick は take するものに個人的好みがありますが、choose は好き嫌いを別にして「ある条件に適当なものを選ぶ」場合に用いられることが多い語です。したがって、choose の名詞形の choice は right（正しい）とか wrong（間違った）で形容できますが、pick は好みの問題であり、良い悪いには関係ありません。「正しい選択」は the right choice であって the right pick とはふつう言いません。もし言うとすれば、my first pick（最初の選択）とか my second pick（第2の選択）のように使います。また、非常に慎重にものを選ぶ場合には、2つを合わせて pick and choose と言います。

1. Don't pick your nose.「鼻をほじるな」

「先の細いもので鼻の何かをとる」ということは、「鼻をほじる」という意味になりますね。

2. The kids were picking flowers in the garden.「子どもたちは庭で花を摘んでいた」

ここでは pick は gather と同じです。そのほかにも、fruit や mushroom などにも fruit picking（果物狩り）、mushroom picking（キノコ狩り）といったように pick が使われます。

3. Pick one card.「カードを1枚選んでください」
何気なく選ぶので choose ではありません。

| **PULL** | **to draw toward with force** |

pull の基本概念は to draw toward with force で、draw に方向性や effort（努力）、force（力）の要素を加えたのが pull です。draw は、引く方向には関係ありませんが、pull は come と同様に到達点（一般的には話者の方向）に重点があります。つまり、pull と push は、come と go の関係とちょうど対応します。

1. Pull it open.「手前に引いて開けてください」
pull の示す方向性はだいたい話者の方向であるため、このように命令形になった場合は、「自分の方向、つまり手前に引く」という意味になります。

2. Gravity pulls things toward the center of the earth.「引力が物を地球の中心に引っ張っている」
引力は force をもって draw するものなので、動詞は pull が適当です。Gravity draws things は不自然です。

3. Pull yourself together now.「しっかりしなさい」
pull oneself together で to take control of one's feelings という意味になります。

| **PUSH** | **to move ~ away with force** |

push の基本概念は to move ~ away with force（~を力で遠ざける）ことです。

1. Push the door open.「押して開けてください」

第1章　使える語彙を身につけよう

ドアにPUSHとかPULLとか書いてあるのを見かけますね。Push it openの逆が、先に出てきたPull it openになります。

2. I am not pushing. If you don't like it, just don't take it.「別に無理に勧めているわけではありません。嫌なら結構です」

この場合pushは、to force to do something by continual urging（せきたてて無理強いする）という意味で使われています。

3. Don't push me around. You are not my boss.「私にあれこれ指図するのはやめてください。あなたは私の上司ではない」

push aroundで「他人に指図してああしろこうしろと言う」という意味になります。

PUT　　　　　　　　　to cause ～ to be in some place

putの基本概念はto cause ～ to be in some placeで、ものの位置の移動を表します。この場合の「もの」は、人でも考えでも何でもかまいません。たとえば、to put something into production（何かが生産に入る）と言えば、somethingをproductionという位置に移す、つまり「生産を開始する」という意味になります。put ～ into practice（～を実行する）も、あるものをpracticeという状態に移すということです。「置く」はある文脈におけるputの訳語にすぎません。基本概念をしっかり習得して、あとは文脈に応じて日本語を当てはめればよいのです。また、putは副詞と組み合わさって、様々な意味に発展します。

1. Let me put it this way.「つまりですね」

putには「言葉で表現する」という意味もあります。つまり、it（考え方など）を言葉による表現に移す、ということです。ですから、この英語は「言葉で表現すると、つまりこうなります」と言うとき

に使う表現です。

2. Tom puts his career before his family.「トムは家庭より仕事優先だ」

　put ～ before . . . は２つのものの優先順位を述べる場合によく使われます。同じ意味を、動詞 come を使って表すこともできます。For Tom, his career comes before his family. となります。

3. Put this into English.「これを英語で言いなさい」

　英語のテストの問題文によく見られる言い方です。この場合、1. と同様に「言葉で表現する」という意味で使われています。つまり、ここでは say や translate の意味になります。

RUN　　　　　to keep going, to cause ～ to move

　run の基本概念は to keep going と to cause ～ to move です。go とほとんど同じですが、他動詞としての用法があり go より主体性と、時間的・空間的に広がりがあり、動きに「速さ」の意味合いが含まれます。たとえば、I am going. も I am running. も基本概念においては moving（移動）ですが、run はそこに「速さ」が加わります。「走る」という訳語はその一例です。Oil wealth runs the country's economy.（石油の富がその国の経済を動かしている）から run の意味合いがよくわかると思います。つまり、この国の経済は石油のもたらす富によって going しているということです。

1. Her father runs a Japanese restaurant in Paris.「彼女のお父さんは、パリで和食のレストランをやっている」

　この run は、to manage、operate、conduct の意味です。

2. The tap is running.「水道が出ています」

　この run は to discharge fluid（液体を流す）という意味で使われ

ています。tap は「水道の蛇口」のことなので、ここから「液体が出ている」ということは、「水道水が出ている」という意味ですね。この場合、run は自動詞として用いられています。

3. This computer runs on batteries.「このコンピュータは電池で作動する」

この run は to keep operating の意味で使われています。この場合も run は自動詞です。

SET   to put ～ in a particular place

set の基本概念は to put ～ in a particular place で、基本的には put と同じです。ただし、put は単にものの移動を表しますが、**set はある種の意図、つまりあらかじめ頭の中にある位置や機能への移動を表します**。たとえば、目覚まし時計を set すると言いますが、put するとは言いません。意味範囲は put より set のほうがずっと広く、自動詞としても用いられます。

1. Hurry up and set the table for dinner.「急いで食卓の用意をしなさい」

今では「テーブルセッティング」という言葉も日本語で使われていますね。これは具体的に言うと、テーブルにナイフやフォークやスプーン、そしてお皿を並べることです。

2. Jelly sets as it cools.「ゼリーは冷えると固まる」

set は to become firm or hard (固まる) という意味で使われています。ゼリーや卵が固まる場合は、harden とは言いません。harden は「カチカチに固くなる」という意味で、ゼリーや卵はカチカチになるわけではありませんから。

3. Set the alarm for 7:00.「目覚ましを 7 時にセットして」

目覚ましが7時に機能するように、つまり鳴るようにするわけです。この場合、時間でも前置詞は at ではなく for が来ます。at だと7時という時点で目覚ましをセットすることになり、鳴る時刻ではなくなります。7時は鳴る時刻、つまり、鳴らす対象となる時刻なので for を用います。

SHAKE　　to move quickly backward and forward, up and down, or from side to side

shake の基本概念は to move quickly backward and forward, up and down, or from side to side で、「前後・左右・上下に物を動かす」ことを意味します。

1. The earthquake shook the area.「地震がその地域を襲った」

この英文を直訳すると「地震がその地域を（上下または左右に）揺らした」となります。地震で揺れる場合にも、動詞は shake を用います。

2. His courage shook when he heard the story.「その話を聞いて、彼の勇気はぐらついた」

courage が shake することは、勇気がぐらつく、つまり「不安定になったり、弱まったりする」という意味です。この場合、shake は自動詞として用いられています。

3. Shake before using.「よく振ってから使用してください」

スプレーや液体、ムースなどのビンにこういった表示がありますね。使う前によく振って中身を混ぜてください、という意味です。

第 1 章　使える語彙を身につけよう

| **SHOW** | to put ～ in sight, to be in sight |

　show の基本概念は to put ～ in sight、to be in sight で、「視界に入る」ことです。人に道を尋ねるとき、Please tell me the way to ～ . と言ったり、Please show me the way to ～ . と言ったりします。tell を使って尋ねられた場合は、目的地までの道のりを口で説明してあげれば済むのですが、show me the way と言われた場合は、目的地まで一緒について行って案内してあげなければなりません。このように show には必ず visual な要素が関わってくることを覚えておきましょう。自動詞 show を使いこなせる日本語学習者は少ないのですが、実際には頻繁に用いられます。

1. Jane hates me and it shows.「ジェーンが私を嫌がっていると顔に書いてある」

　自動詞なので to be noticeable（よくわかる）や to be evident（明らかだ）といった意味で使われています。この文は「ジェーンの表情や態度で、ジェーンが嫌っていることがわかる」という意味なので、日本語でよく言う「顔に書いてある」という表現が適当でしょう。

2. He showed what he meant.「彼は本音を出した」

　to reveal、to disclose（隠していたものを明かす）という意味で使われています。

3. I will show you that I am right.「私が間違っていないことを証明しよう」

　show は to prove（証明する）や to make clear（明確にする、はっきりさせる）という意味で使われています。

SKIP　　　　　　　　　to leap lightly along

skip の基本概念は to leap lightly along です。基本的には jump と同じですが、along が加えられている点がニュアンスの違うところです。skip は、to jump from one thing to another（あるものから別のものへ跳び移る）といった意味合いが含まれますが、jump はただ「跳ぶ」だけです。

1. We'd better skip some other chapters.「ほかにも、何章か飛ばしたほうがよいでしょう」

このように、今の章から何章か飛ばして別の章に進む、というような「飛ばす」という意味にも skip を用いればよいわけです。

2. Tom often skipped meals.「トムはよく食事を抜いた」

skip a meal は「食事を1回飛ばす」という意味で、つまり「食事をしない」→「食事を抜く」となります。

3. He often skips. He doesn't stick to one thing.「彼は1つのことに執着するほうではなく、コロコロと変わる」

ここでは、skip は to change quickly, as from one task, pleasure or subject to another、つまり「task や pleasure や subject をすぐに変える」という意味で使われています。

SLIP　　　　　　to move smoothly and quickly

slip の基本概念は to move smoothly and quickly で、基本的には slide と同じです。ただし、slide は slip よりも時間的・空間的に広がりがあるのに対し、slip は文脈によって suddenly（突然に）の意味も加わります。つまり、slip は自分の意志に関係なく突然「滑る」のです。日本語の「スリップ」は、この slip の一面をとらえた

ものです。意志に関係なく「滑る」ことから、slip には make an error（間違いを起こす）の意味も出てきます。たとえば、a slip of the tongue は「口がつい滑る」ことです。

1. Bill slipped, tripped, and hit the lamp post.「ビルはすべって足がもつれた拍子に街灯にぶつかった」

この文脈では、自分の意志に関係なく突然に slip した、ということがよくわかりますね。

2. Don't let an opportunity slip.「チャンスを逃すな」

opportunity（チャンス）は、自分の意志にかかわらずうっかり突然に失ってしまうものなので、動詞は slip が適当です。

3. The dog slipped his collar.「犬は首輪をすり抜けた」

首輪からするっと犬が抜け出る様子の表現です。

SPLIT　　　　　　　　　　　　　to break＋to divide

split の基本概念は to break ＋ to divide。break は、あるものの一体性を「壊す」という意味ですが、split は一体性を壊して別の状態にするという意味が含まれます。たとえば、We split the logs into fire wood.「丸太を割って薪にした」のように使います。また、divide と異なり、あるものを「均等に分ける」というニュアンスを含んでいます。divide にはそこまでの意味合いはなく、単に「分ける」ということです。たとえば、Let's split the bill tonight. と言えば、「今夜は割り勘にしよう」という意味です。比喩的に a splitting headache（割れるような頭の痛み）のようにも使います。

1. Let's split the bill.「割り勘にしよう」

和英辞典などには「割り勘」は go Dutch と載っていますが、この言い方はアメリカでは現在あまり使われません。

2. 動詞編

2. "I will pay 50 dollars." "No. I want 100 dollars for this." "OK. Let's split the difference."「50 ドル払おう」「いや、100 ドルで売りたい」「それじゃ、真ん中をとって 75 ドルにしよう」

　split the difference は、金銭の差を二等分することです。この場合、両者の間に 50 ドルの差があるので、中をとって 25 ドルとなり、75 ドルで値が落ち着くわけです。

3. Don't split hairs, Lucy. It's not a big deal.「細かいことをくどくど言うなよ、ルーシー。そんなことはたいしたことじゃないじゃないか」

　split hairs は「非常に細かいことをくどくど言う」という意味の慣用表現です。

STAND　　　　　　　　　　to be (upright) in place

　stand の基本概念は to be (upright) in place で、ものとものとの位置関係を示す語です。一般的に stand は「立つ」と記憶されていますが、「立つ」は stand のほんの 1 つの訳例にすぎません。stand は副詞と組み合わさって、実にいろいろな意味に発展します。

1. The basketball player stands six feet eight.「そのバスケット選手の身長は 6 フィート 8 インチだ」

　How tall are you?（身長はいくつですか）と聞かれたとき、いつも I am ~ tall. と答えるのではなく、たまにはこのように stand の用法を用いて、I stand ~ と言ってみましょう。

2. The balance at the bank stands at two million yen.「銀行に 200 万円残っている」

　ここでの the balance は、銀行口座の「残高」のことです。動詞 stand を使って、「その残高が 200 万円になっている」と述べてい

ます。

3. This sweater will stand washing.「このセーターは洗っても大丈夫です」

ここでの stand は、他動詞として to endure, especially without hurt or damage（ダメにならない、耐えられる）という意味で用いられています。

4. The job offer still stands.「あの仕事の口はまだあるよ」

この stand は、to hold good、to remain the same、つまり「有効である」「変わらない」という意味で使われています。

STAY　　　　　　　　　　　　to continue to be

stay の基本概念は to continue to be で、ある状態の持続を表します。たとえば、stay warm は「暖かい状態を持続する」ということで、この場合は keep warm と言っても同じです。「とどまる」「滞在する」といった訳だけにとどまらず、幅広い用法があります。

1. Weathermen say it will be colder. So stay warm.「天気予報によると、ますます寒くなるので、暖かくしてお過ごしください」

すでに述べたように、この場合の stay は keep でも同じことです。

2. Kelly told his daughter to stay put until he came back.「ケリーは娘に、戻るまでそこにいなさい、と言った」

stay put は、to remain where placed（動かずにそこにいる）という意味です。stay in place としても同じです。

3. Stay thin.「太らないようにね」

2. 動詞編

Don't stay fat. は、太っている人に「やせなさい」という意味で使われますが、これは太っていない人に対して「やせたままでいなさい」、つまり「太らないように」と言っているわけです。

4. He is here to stay.「これからは彼の時代だ」

「彼はとどまるべくして、ここにいる」という意味から変化して、こういった意味になります。

STICK　　　　　　　　　　　to fasten by thrusting

stick の基本概念は to fasten by thrusting です。もともとは、あるものに尖った先を突き刺して固定するという意味です。stick も他の基本動詞と同じように、副詞と組み合わせていろいろな意味に使うことができます。

1. Stick candles in the birthday cake.「バースデーケーキにろうそくを立ててください」

「ろうそくを立てる」の「立てる」は実際は「突き立てる」です。英語では動作をそのまま表して stick を使います。また、ろうそくを「立てる」のなら、on the cake となりそうですが、「突き立てる」「突き刺す」を使えば当然 in the cake となります。

2. A pencil is sticking out of your pocket.「ポケットから鉛筆が突き出ていますよ」

to thrust の意味が使われています。

3. Stick a stamp on the envelope.「封筒に切手を貼ってください」

put だけでは「封筒の上に切手を載せる」の意味になってしまいます。stick を使うと、「貼りつける」つまり「固定する」です。

第1章　使える語彙を身につけよう

4. Whatever they say, stick to your guns, Jim.「ジム、何と言われようと自分のやり方を押し通しなさい」

stick to one's guns は、「自分のやり方を通す」という意味の慣用表現です。

STRIKE　　　　　　　　　　　　　　　to give a blow

strike の基本概念は to give a blow です。簡単に言えば、hit ということです。hit は、どちらかというと実際に「打つ」場合に多く使われますが、strike は、もっと幅広く比喩的に用いられます。

1. Kelly struck a match and put it to his pipe.「ケリーはマッチをすって、パイプへ持っていった」

この strike は、to set on fire by hitting or rubbing（打ったりこすったりして火をつける）という意味です。つまり、strike a match（マッチをすって火をつける）ということです。また、「このマッチは火がつかない」は、The match won't strike. となります。このように strike は自動詞としても使うことができます。

2. The flu struck the metropolitan area.「インフルエンザが都市部で猛威を振るった」

ここでの strike は、to overcome by disease or suffering（病気などで参らせる）という意味で使われています。つまり、give a blow が比喩的に使われているわけです。

3. Strike sugar before you measure it.「砂糖は計量する前に、すりきりなさい」

料理でよく「砂糖すりきり一杯」と言いますね。つまり、スプーンなどの砂糖の上を平らにして余分な量を取り除く、という動作を英語では strike で表現できるわけです。

TAKE   to grasp and get

　take の基本概念は to grasp and get です。根底に have の意味がある点では get と同じです。ただし、take のほうが get より主体的で積極的です。いわば take は自分から get の状態へ持っていく感じです。Did you take a shot? と Did you get a shot? には大変な違いがあります。to take a shot は、文脈によっては try（やってみる）の意味になり、「自分が撃つ」という感じです。つまり、take に主体性があるわけです。これに対して to get a shot には try の意味はまったくなく、むしろ「銃で撃たれる」というような意味になります。とにかく、get は、自分の意志に関係なく have の状態になることを意味します。get a shot は「注射をしてもらう」という意味にもなります。

1. Just take what comes and do your best.「どんなチャンスも逃さずに最善を尽くしなさい」

　この take は to make use of（利用する）の意味です。同じような意味で accept（受け入れる）を使うこともありますが、take を使うと accept より積極性があり、「どんなことにも積極的に取り組み、それを生かす」といったニュアンスが出てきます。

2. Is it taken?「ここ空いていますか」

　この take は to occupy の意味です。空席などを尋ねる場合にこのように言います。

3. Take your temperature before you take a bath.「お風呂に入る前に、熱を測ってください」

　take one's temperature は「体温を測る」です。

4. The plane crash took 200 lives.「飛行機事故は 200 人の命を奪った」

第1章　使える語彙を身につけよう

このtakeはclaimを使っても同じ意味になります。killを使う場合はkilled 200 peopleとなります。

5. Take your time. We are not in a hurry.「ごゆっくりどうぞ。別に急いでいません」

主に命令文で用います。何かやっている相手に対して、気のすむまでゆっくりやるように、というような場合に使います。

TALK　　　　　　　　　　　　　to use words, speak

talkは、基本的にはspeakと同じで、多くの場合互いに置き換えが可能ですが、どちらかと言えばspeakのほうがformalな印象です。ただし、言語能力を述べる場合はtalkは使いません。Do you speak English? とは言いますが、Do you talk English? とは言いません。

1. Our one-year-old daughter is learning to talk, but she can't really speak yet.「1歳になる娘は言葉らしきものを言うが、実際にはまだちゃんと話せない」

talkとspeakの違いがよくわかります。talkは「言葉を使う」、speakは「言語能力がある」という意味です。

2. Deaf people can talk in sign language.「耳の不自由な人は手話で会話ができる」

to communicate（意思疎通をする）という意味で使われています。この場合のtalkも、speakには置き換えられません。

3. Money really talks in this business.「この業界では金がモノを言うんだ」

お金が実際に話をするわけではなく、talkが「意思を伝える」→「モノを言う」という意味で比喩的に使われ、「お金を使えば自分の

言うことを聞き入れてもらえる」という意味です。つまり、まるで「お金がしゃべっている」という感じですね。日本語でも「お金がモノを言う」と言いますね。

TEAR　　　　　　　　　　to pull apart by force

tearの基本概念は to pull apart by force で、何かを「力ずくでバラバラにする」ことです。ただし、divide や split とは違って、バラバラになったものには大小があり、また cut などと違って分離したものの面はギザギザになるなど、一般にキメが粗い不規則性のイメージが含まれています。

1. You can tear the box open.「その箱は破って開けていいよ」

あとで使えるように箱の原形をとどめなくてもよい、という意味です。

2. This cloth tears easily.「この布はすぐ破ける」

生地が弱くて簡単に破けてしまう、ということです。tear は、このように自動詞としても使われます。

3. Sue is torn by jealousy.「スーは嫉妬にかられて苦しんでいる」

ここでの tear は to be torn（心を千々に乱して悩む、苦しむ）という意味になります。

THROW　　　　to send 〜 through the air with force

throw の基本概念は to send 〜 through the air with force です。根本は、cause 〜 to go と同じです。しかし、throw はすでに出てきた cast より一般的で、その使い道も多様です。

1. Stop throwing stones.「石を投げるのはやめなさい」

第1章　使える語彙を身につけよう

2. Tom threw his game.「トムは試合を投げてしまった」

to let an opponent win（相手に勝たせる）という意味です。「あきらめて、投げてしまって、相手に勝たせる」という意味になりますが、文脈によっては「八百長で相手に勝たせる」という意味合いにもなります。

3. They are going to throw a party for Sam.「彼らは、サムのためにパーティを開くんだよ」

throw [give] a party で「パーティを開く」の意味です。party だけでなく、いろいろな entertainment を「開催する」という場合にも throw を使うことができます。throw を使うとくだけた感じになります。

TIE　　　　　　　　　　　　to fasten with string

tie の基本概念は to fasten with string で、ひもなどで固定するということです。つまり、何かあるものが自由に動かなくなることですから、restrain（拘束する）、limit（制限する）などの比喩的意味も含むことになります。

1. Tie the apron (strings).「エプロンのひもを結んでください」

このように、エプロンのひもや靴ひも（shoe lace）など、「ひもを結ぶ」ときは tie を用いて表現します。

2. At last Bill tied the knot with Sue.「ビルとスーはついに結婚した」

tie the knot で to unite in marriage（婚姻によって結ばれる）→「結婚する」という意味です。これはかなり informal な言い方です。

3. Sorry, I can't make it tomorrow. I will be tied up all day.「すまないが明日はだめだ。1日中ふさがっているんだ」

tie up は比喩的に使われています。be tied up で「スケジュールがぎっしりつまっていて身動きがとれない」という意味です。

TOUCH	**to cause to be in contact**

touch の基本概念は to cause to be in contact で、何かと何かを接触の状態にするという意味です。ものに触れるというところから、いろいろな比喩的な意味にも広がっています。

1. Place the two parts close together, but don't let them touch.「その２つの部分は、くっつかない程度に近づけて置いてください」

物と物が接触するとき、まずその２つの物が近づいていきます。これが close together です。そして最後に接触、つまり touch するわけです。

2. Frost touched the flowers.「霜で花が傷んだ」

ここでの touch は、to affect some way by contact、つまり「何かが接触することで何らかの形で悪影響を及ぼす」という意味で使われています。つまり、花に霜がつくことで、花が傷んでしまったということです。

3. I never touch alcohol.「お酒は一滴もやりません」

I don't drink.（酒は飲みません）より、意味が強くなります。ただし、このような使い方は否定文のときのみに限られます。not touch ～ で、嗜好品などをやらないという意味です。

4. The paintings were not touched by the fire.「その絵は火事にやられずにすんだ」

ここでの touch は、to reach の意味で使われています。つまり「火の手が絵のところまでは回らずに無事だった」ということです。

第1章　使える語彙を身につけよう

TURN　　　　　　　　　　　　　　　　to move around

　turn の基本概念は to move around（円状に動く）で、方向などがそれにつれて変わることです。したがって、物が向きを変えたりするという意味にも用いられます。言い換えれば、turn は「何か変化を伴った動き」を表して、日本語の「回る」よりはるかに使用範囲の広い語です。日本語では「6時を回った」は言いますが、「6歳を回った」とは言いません。しかし英語では The first baby boomers turn 40 this year.（ベビーブームの一番手は今年40歳を迎える）のように turn を使います。そのほか、状態・形状の変化などにも turn を用いることができます。

1.　He turned and looked at me.「彼は振り返って私を見た」

2.　The strong coffee turned my stomach.「濃いコーヒーを飲んだら、気持ちが悪くなった」
　この場合 turn は、to make sick という意味で使われています。

3.　The hot weather turns milk.「暑いと牛乳が腐る」
　この turn は、to taint や to spoil、つまり「悪くする」という意味で使われています。「牛乳が悪くなる」は「腐る」ということです。

4.　By the time he turns 40, he will be very famous.「40歳の声を聞く頃には、彼は大変有名になっているだろう」
　ここでの turn は「(ある年齢)になる」という意味です。また、時刻 (time) や数量 (amount) がある一定のところになったり、それを超えたりする場合にも、同じように turn を使って表現できます。

5.　The economy has turned around.「景気が持ち直した」
　turn around で「好転する」という意味です。

2. 動詞編

WALK　　　　　　　　　　　　　　　　to go on foot

　walk の基本概念は to go on foot です。walk には根底に go の意味合いがあるので、副詞と組み合わせて日本語の「歩く」では表せないような意味に広がっていきます。Workers walked out. と言えば、「労働者がストをした」という意味になります。go は、起点から遠ざかる動きで、制限がなければどこまでも「行く」のですから、この場合は労働者たちが歩み去っていなくなってしまったということになります。

1. Do you believe that spirits walk at night?「夜、幽霊が出ると信じていますか」

　to roam (徘徊する) です。ただし、日本の幽霊には足がないそうなので、「お化けが歩く」はピンと来ないかもしれませんね。

2. I walk to school.「私は歩いて学校へ行く」

　to go on foot で、ここでは学校へ行く手段が「徒歩」であることを述べているので、実際はあまり使いませんが I go to school on foot. としても同じです。

3. I saw Jane walk her dog in the park.「ジェーンが公園で犬の散歩をしているのを見た」

　この walk は to accompany、to escort の意味で、つまり「犬について歩く」ということです。他動詞として用いられています。

4. Walk, don't run.「急がば回れ」

　この walk は to go slowly、つまり「ゆっくり行く」という意味です。日本語で言う「急がば回れ」にあたります。

第1章　使える語彙を身につけよう

WEAR　　　　　　　　　　　　to have on the body

　wear の基本概念は to have on the body で、根本的には have ということです。have もある程度 duration（時間的広がり）を持った語ですが、wear はこの意味合いがさらに強くなります。duration の意味合いが強いことから、ものが持つこと（耐久性）を表すこともできます。また、out などと一緒に使われると「着尽くす」という意味から「すっかりくたびれる」などの比喩的な意味が出てきます。

1. You wear a sweet perfume tonight.「君、今夜は甘い香りの香水だね」

　香水を「つける」ときにも、このように wear を使うことができます。香水はまさに have on the body（身につける）ものですね。

2. Jane wears a lot of make-up.「ジェーンはお化粧が濃い」

　wear は、このように化粧にも使うことができます。wear a lot of make-up で「厚化粧をしている」という意味です。

3. Good leather will wear for years.「良い革は何年も持つ」

　ここでの wear は to remain in a certain condition（変わらずに一定のコンディションを保つ）という意味で、耐久性を表しています。日本語では「持つ」や「持ちがいい」となります。この場合、wear は自動詞として用いられています。

WORK　　　　　　　　　to move with effect or effort

　work の基本概念は to move with effect or effort で、意味的には move の遠い親戚のようなものです。go、come、run などとは少し異なる意味合いを帯びた move を表します。つまり、ある function（機能）、effect（効果）、effort（努力）をもって move することです。

go、come、run、work など一見関係がないようですが、根底には move の概念があるのです。work は人の場合は、ある目的や結果のために、精神的あるいは肉体的努力を伴って何かをする（動く）、ということです。その場合は日本語では「働く」という訳語になります。薬が work の主語になる場合は、ある種の効果をもって動く（作用する）ということになり、「（薬が）効く」という訳語になります。

1. The medicine has worked.「薬が効いた」

「薬が作用する」ということですから、この work は to take effect という意味です。

2. My brain doesn't seem to be working well today.「今日は頭がさえない」

ここでの work は「機能する」という意味で使われています。「頭が機能していない、働いていない」とは、つまり「さえない」ということです。

3. Do you think it will work?「うまくいくと思いますか？」

この work は to function や to operate、つまり「機能する」という意味で使われています。

4. Work rope to soften it.「ロープを引っ張ったりねじったりしてなじませなさい」

他動詞で to stretch, twist or pull to achieve a certain result（ある結果をもたらすために、引っ張ったりねじったりする）という意味で使うこともできます。

3. 動詞型編

　英語の動詞は、動詞それぞれに使い方の型があるので、それを無視することはできません。
　日本人が誤った使い方をする動詞を集めてみました。この際、きちんとした使い方を習得してください。

【apologize】
~ to sb / for sth
　apologize は、謝る相手には to、内容については for を伴って用います。
- I have to apologize to you.「あなたに謝らなければならない」
- We apologize for the delay.「遅れたことをお詫びします」

　通常は上記のように相手のみか内容のみで使いますが、両方とも1文に入れて使うこともできます。
- I apologize to you for the trouble.「あなたにご迷惑をおかけして申し訳ありません」

【ask】
質問する
~ (sb) sth
　ask が「質問」の意味で用いられる場合は、ask + 人 + 内容の形です。この場合、人が抜けてもかまいません。
- Can I ask you a question?「質問していいですか」

~ (sb) wh-

また疑問詞を伴った節も続けることができます。

- She asked me where I had bought the shoes.「その靴をどこで買ったか彼女に尋ねられた」

~ (sb) about sb/sth

質問の内容を about を伴って表すこともあります。

- He asked about my family.「彼は私の家族について尋ねた」

要求する

~ sb to do

ask が「要求」の意味で用いられる場合は ask + 人 + to 不定詞の形になります。

- I asked him to give me a ride to the airport.「私は彼に空港まで車に乗せて行ってくれるように頼んだ」

~ for sth

ask for の形でも使います。

- How much do you ask for a haircut?「カットはいくらですか」

【commit】

「犯罪などを」犯す

~ sth

commit が犯罪などを「犯す」という意味を表す場合は、他動詞として S + V + O の形を取ります。「自殺をする」という意味のときもこの形です。

- These days old people commit crimes.「最近は老人が犯罪を犯す」
- The actress committed suicide.「その女優が自殺した」

第1章　使える語彙を身につけよう

言質を与える

~ sb/oneself to doing

commit が、今ではよくカタカナ語で「コミットする」と使われる意味の場合は注意が必要です。commit + 人 / oneself + to + ～ing の形になります。この場合、受動態でもよく用いられます。

- The bank commits itself to providing ample liquidity.「銀行は十分な流動性を供給すると明言している」
- The Prime Minister is committed to reforming the tax system.「首相は税制改革をすると約束している」

【consider】

~ doing

consider の目的語として to 不定詞を持ってくる例を多く見かけますが、consider は動名詞（～ing）しか目的語として取りません。

- I am considering buying a new car.「私は車を買うことを考えている」

~ wh-

consider の目的語として疑問詞で始まる句や節を取ることもできます。

- We have to consider how TPP will affect our lives.「TPP が我々の生活にどんな影響を及ぼすか考えなければならない」

~ sb/sth (to be/do)

consider を受動態で用いると to 不定詞が続くこともあります。

- He is considered to be the best runner in the class.「彼はクラスで一番足が速いと考えられている」

ついでに consider を用いた成句を1つ挙げておきます。

- The trip was not so bad, all things considered.「全体的に見れば、旅行はまあ悪くなかった」

all things considered で、「総合的に考えてみると」という意味です。

【explain】
～ sth (to sb)
explain もよく誤った使い方を目にします。explain は、explain + 人 + モノという使い方はできません。explain は、説明する内容しか目的語として取ることができません。説明する相手は前置詞 to と共に用います。

- Can you explain the problem?「その問題を説明してくれますか」
この場合、explain me the problem という形にはできません。どうしても相手を入れたければ前置詞 to を伴います。

～ wh-
explain はもちろん疑問詞で始まる節も目的語に取ります。
- I can't explain why I did that. 「どうしてそんなことをしたのか説明できない」
- He explained to the police why he had parked his car there. 「彼はなぜそこに車を停めたか警察に説明した」

【forbid】
～ sb from doing
forbid は、prohibit のように法的規制のような強いニュアンスはありませんが、それでもかなり強い禁止を表します。また、forbid を能動態で用いる場合、prohibit と同じように forbid + 人 + from + ～ing の形で用います。
- The teacher forbade his students from using cellphones in class. 「先生は生徒に授業中の携帯電話の使用を禁じた」

第 1 章　使える語彙を身につけよう

～ sb to do

forbid を受動態で用いると内容を to 不定詞で表すこともできます。

- You are forbidden to watch TV tonight.「今夜はテレビは禁止だ」

～ sb sth

まれですが forbid は、forbid + 人 + モノの形を取ることもあります。

- My doctor forbids me carbohydrates.「お医者さんに炭水化物を禁じられている」

【forget】
～ to do / doing

forget は、to 不定詞と動名詞どちらも目的語として取りますが、意味の違いを認識して使っている人はそう多くありません。この際、表す意味の違いをきちんと整理しておきましょう。意味の違いは to 不定詞と動名詞の表す意味の違いに起因しています。次の 2 例を見てみましょう。

- To be a teacher is tough.
- Being a teacher is tough.

この 2 つの文は同じ意味を表していると思いますか。答えは No です。不定詞は「これから先のこと」を指すものです。ですから、上の文の To be a teacher は「これから先生になる」ことを表します。To be a teacher is tough. は「先生になるのは大変だ」という意味です。一方、動名詞は、同じ動詞で構成されていても、不定詞のように時間的意味合いはまったくありません。つまり、動名詞は the act of doing という意味で、その名のとおり動詞を名詞として機能させているだけです。下の Being a teacher is tough. は「先

3. 動詞型編

生であること」つまり「先生という仕事が大変」なのです。不定詞と動名詞ではこのように意味合いが異なります。

- I forgot to mail the letter.「手紙を投函するのを忘れた」
  これから手紙を出すことを忘れたので手紙は出していません。
- I forgot mailing the letter.「手紙を投函したことを忘れた」
  手紙を出したことを忘れたのです。
- Please don't forget to tell him about it.「忘れずにそのことを彼に話してください」
  これから先必ず〜してくださいという意味になります。
- Please don't forget telling him about it.「彼にそのことを話したことを忘れないでください」
  すでに行った行為を忘れないでということです。

~ (about) sth

forget でもう1つ大事なことがあります。forget の後に直接目的語が来ると、あることを記憶から消すという意味になります。

- Just forget it.「そのことはなかったことにしてくれ」

それに対して forget about + 目的語の場合は一時的に忘れる、しばらくあることを考えないという意味になります。

- Just forget about work. Let's have fun.「しばし、仕事のことは忘れて楽しもう」

この場合、forget work では明日から仕事ができません。

【inform】

~ sb of sth

inform は、inform + 人 + of + 内容の形で用います。

- Please inform me of your flight.「あなたが乗る便名を私に知らせてください」

~ sb that

　inform はまた、inform + 人 + that 節の形でも用います。

- He informed us that the family would arrive here on Sunday. 「彼は、家族が日曜日にここに到着するとわたしたちに知らせてくれた」

【prohibit】
~ sth / ~ sb from doing

　prohibit の用法は、forbid とほぼ同じです。prohibit + 人 + from + ~ing の形です。受動態でもよく用いられます。prohibit は forbid よりもっと強い法的規制の意味合いがあります。

- Smoking is prohibited inside the elevator by law. 「エレベーター内での喫煙は法により禁じられている」
- Minors are prohibited from drinking. 「未成年者は飲酒を禁じられている」

【promise】
~ (sb) to do

　promise は、これから何かをすることを約束するので、to 不定詞を目的語として取ります。その to 不定詞の前に誰に約束するかを入れることも可能です。

- Promise me never to do that again. 「二度とそんなことをしないと私に約束しなさい」

　promise は比喩的にも用いられます。

- It promises to be an exciting trip. 「面白い旅行になりそうだ」

~ (sb) sth

　promise は、内容そのものを名詞として目的語に取ることもあります。

- I can't promise anything.「何も約束はできないよ」

~ (sb) that

promise はまた that 節で内容を表すこともあります。

- He promised his wife that he would be home early that day.「彼は妻にその日は早く家に帰ると約束した」

【provide】
供給する
~ sth / ~ sb with sth

provide は、他動詞として目的語に供給するものを直接取るか、provide ＋人＋ with ＋モノの形を取ります。

- We try to provide the best possible medical care.「最高の医療の提供に努めています」
- The company provides us with auto parts.「その会社は当社に自動車部品を供給している」

備える
~ for/against

provide はまた、自動詞として前置詞とともに用います。その場合は、将来の何かに「備える」という意味になります。

- We have to provide against a big quake.「わたしたちは大地震に備えなければならない」
- They carried extra food to provide for an emergency.「彼らは非常用に必要以上の食べ物を携帯していた」

【recommend】
~ sb/sth (to sb)

recommend は、よく次のような形で使われているのを目にしますが、give などのいわゆる授与動詞と違ってＳ＋Ｖ＋ＩＯ＋ＤＯ（第４

文型) の使い方はできません。

×Please recommend me a nice hotel in New York.「ニューヨークでどこかお勧めのホテルを教えてください」

意味は通じますが、英語としては誤りです。recommend は推薦するものしか目的語としては取れません。上の文は、Please recommend a nice hotel in New York. となります。どうしても推薦する相手を一緒に述べる場合は前置詞 to と一緒に用います。

- I recommend the book to you.「その本を君に勧めるよ」

~ doing

recommend は、動名詞も目的語として取ります。

- He recommended visiting the museum in the city.「彼はその市の博物館を訪れることを勧めた」

【refer】
参照する、言及する
~ to sb/sth

refer は、自動詞として前置詞 to とともに用いて「参照する」「言及する」という意味で用います。

- She never referred to her notes during the speech.「スピーチの間、彼女は一度もメモを見なかった」
- The article refers to the actor.「記事はその俳優について触れている」

照会する
~ to sb/sth (for sth)

refer はまた、同じ形で照会の意味でも用います。その場合、照会の内容は前置詞 for を伴います。

- I referred to the bank for her credit standing.「私は彼女の信用状態について銀行に照会した」

委ねる
~ sb/sth

refer はまた、他動詞として何かを何かに委ねるという意味でも用いられます。この場合は、受動態でよく用いられます。

- I was referred to a big hospital for further examination.「さらに検査をするために大きな病院に行かせられた」

【remember】
~ to do / doing

remember の使い方は forget とまったく同じです。目的語として to 不定詞も動名詞も取りますが、内容の意味が異なります。

- Remember to call him.「彼に電話をするのを忘れないで」
この場合、まだ電話はしていません。
- I remember meeting her for the first time.「彼女に初めて会ったときのことを覚えている」

【remind】
~ sb of/about sth

remind は、remind + 人 + of/about + 内容の形で用います。

- You remind me of your father.「あなたを見ているとあなたのお父さんのことを思い出す」
- Please remind me about the deadline.「締切を私が忘れてないか言ってくれ」

~ sb that

remind はまた、内容を that 節で表すこともできます。

- Passengers are reminded that smoking is not allowed on this bus.「バス内は禁煙となっております」
成田行きのリムジンバスで使われていますね。

第1章 使える語彙を身につけよう

【request】
~ sth (from sb)
request は、他動詞として要求する内容を目的語として取ります。S + V + O の形です。要求する先は通常、前置詞 from を用いて表します。

- They requested a loan from the bank.「彼らは銀行にローンを申し込んだ」

~ sb to do
また辞書には request A to 不定詞の形が載っていますが、この場合は通常、受動態で用いてください。

- You are requested not to smoke here.「おタバコはご遠慮ください」

~ that
request を能動態で用いる場合は、to 不定詞ではなく that 節を用いてください。

- I requested that the item be delivered on Saturday.「土曜日に配達してくれるように頼んだ」

上記のように that 節の中の動詞は原形を用います。

【require】
必要である
~ doing
require は、他動詞として need と同じ意味で用いられます。その際、注意が必要なのは「ある行為が必要である」という意味の場合、目的語には動名詞が来ることです。

- The house requires repainting.「その家は塗り替えが必要だ」

上記の場合、主語と動名詞は受け身の関係になります。

要求する

～ sth / ～ sb to do

require が、規制や法律などにより「要求する」という意味の場合は、内容として to 不定詞も来ますが、多くの場合、受動態で用います。

- No jackets required.「上着の着用は不要」
- All the members are required to attend the meeting.「全員、会議に出席しなければならない」

～ that

また、require する内容を that 節で表すこともあります。その場合、that 節の中の動詞は原形を用います。

- The judge required that the man appear in court.「裁判官はその男が出廷することを求めた」

【rob】

～ sb/sth (of sth)

日本人学習者の多くは、rob と steal の違いをよく理解していないようです。この際、きちんと違いを整理しておきましょう。rob は目的語に盗まれる場所や人が来ます。それに対して steal は盗まれる物が目的語に来ます。したがって、次の英文はいずれも誤りです。

× He robbed the wallet.
× The group stole the bank.

繰り返しますが、rob は目的語に盗まれる場所や人が来ます。そして、盗まれる物は前置詞 of とともに表します。

- The man was charged with robbing a bank.「その男は銀行を襲ったとして告発された」

受動態でも同じです。

第 1 章　使える語彙を身につけよう

- I was robbed of my wallet in the city.「私は市内で財布を盗られた」

この rob は、口語では mug と同じです。

- The woman was mugged in the shopping mall.「その女性はショッピングセンターで強盗に遭った」

steal は盗まれる物が目的語となります。

- His passport was stolen.「彼のパスポートが盗まれた」

なお、日本の英文法書などでよく見かける次の例のような第 5 文型は実際はあまり使われません。

- I had my purse stolen.「ハンドバッグを盗まれた」

上記の I was robbed 〜 の文は人に重点があり、盗まれた物に重点があれば、My wallet was stolen. となります。

【stop】
動きが止まる
〜 to do

stop も、たまに使い方を混同されている例を見かけます。この際、きちんと整理しておきましょう。次の 2 つの文を見てください。見かけ上は、stop の後ろに to 不定詞がきているか動名詞がきているかだけの違いのようですが、stop の意味がまったく異なります。

(1)　He stopped to smoke.
(2)　He stopped smoking.

(1) の stop は自動詞で、「動きが止まる、立ち止まる」という意味です。「〜をやめる」という意味ではありません。この文の意味は「タバコを吸おうと立ち止まった」「〜動きを止めた」ということです。to 不定詞はこれから先を暗示しますから、この文からは実際に吸ったかどうかは不明ですが。

3. 動詞型編

やめる
~ doing

それに対して (2) の文の stop は他動詞で、「~するのをやめる」という意味です。つまり、他動詞の stop は動名詞あるいは名詞しか目的語になりません。ですから、(2) の文は「タバコを吸うことをやめた」という意味です。

~ sb/sth from doing

また、他動詞の stop は prevent と同じ文型でも用います。

- Nothing will stop you from doing that.「あなたがそれをすることを阻むものは何もない」

【suffer】

苦しむ
~ from sth

まず suffer は、自動詞として前置詞 from とともに「~で苦しむ」という意味で用います。

- He is suffering from heart disease.「彼は心臓病を患っている」
- They are suffering from air pollution.「彼らは大気汚染に苦しんでいる」

嫌なことを経験する
~ sth

suffer を他動詞として用いると「嫌なことを経験する、受ける」という意味になります。

- The plant suffered severe damage in the accident.「その工場は事故によって多大な損害を被った」

この場合、suffer は動詞 experience と同じです。なお、suffer は自動詞、他動詞ともに受動態で用いることはありません。

第 1 章　使える語彙を身につけよう

【suggest】
~ sth/doing
　suggest は、他動詞として提案するもの、勧めることを目的語として取ります。suggest のあとに to 不定詞を続ける人がいますが、suggest は to 不定詞を目的語にはできません。動名詞が目的語になります。また、recommend と同じように、suggest ＋人＋内容の形は取れません。

- Can you suggest a wine?「お勧めのワインはありますか」
　この場合、suggest は recommend と同じ意味です。
- I suggest going there by train.「そこには電車で行ったほうがいいですよ」

~ that
　suggest はまた、勧める内容を that 節でも表します。その場合、that 節の中の動詞は原形になります。

- I suggest that we just stay home and relax on Saturday.「土曜日は家でのんびりするのはどう？」

【warn】
~ sb (of/about sth)
　warn は、warn ＋人＋ of/about 内容の形で用います。

- I won't warn you again.「警告するのはこれが最後だからな」
- The doctor warned me about the side effects of the drug.「医者はその薬の副作用について私に説明した」

~ (sb) that
　warn はまた、警告の内容を that 節でも表します。

- I warn you that it is dangerous to walk alone in the city at night.「言っておくけど、市内を夜 1 人で歩くのは危険だからね」
- We were warned of the delay.「前もって遅れると聞いていた」

4. 前置詞・副詞編

　基本動詞の例文中で、動詞と副詞・前置詞の組み合わせをたくさん紹介しましたが、ここではそれぞれの副詞、前置詞の概念を説明しましょう。Plain English の主唱者 Rudolf Flesch 博士は、基本動詞 50 語とともに、下の表のような 20 語の副詞と前置詞を挙げています。

about / across / ahead / along / apart / around / aside / away / back / down / forth / in / off / on / out / over / through / together / under / up

　日本人学習者向けに上の表を再構成し、15 語の副詞・前置詞をリストアップしました。たとえば、above と over や、under と below などの副詞・前置詞は、日本語では同じように「～の上」「～の下」となるので、日本人にとってはなかなか区別がつきません。そこで、この above、below を加えてみました。

above / across / along / around / away / below / down / in / off / on / out / over / through / under / up

　この表のほとんどの語は、前置詞（preposition）としても副詞（adverb）としても用いることができます。

　ここで、前置詞と副詞の違いについて説明しておきましょう。どちらも、ものの位置や方向などを表すものですが、機能が異なります。

第 1 章　使える語彙を身につけよう

1. Kate got on the train.

2. Kate got on the jacket.

　この 2 つの文を比べてみましょう。どちらも got on + 名詞となっていますが、この on は 1. では前置詞 (preposition) として、そして 2. では副詞 (adverb) として機能しています。1. は、「ケイトは電車に乗った」で、ケイトは電車の上にいることになります。Kate / got / on the train. です。このため、on は train の前置詞となるわけです (Kate = on the train)。2. は「ケイトは上着を着た」となり、on は副詞として動詞 get と組み合わさり、get on という phrasal verb (句動詞) を作っています。そしてこの句動詞の目的語が、the jacket となっています。Kate / got on / the jacket です。

　このような句動詞の場合、目的語を動詞と副詞の間に入れて、Kate got the jacket on. とすることもできます。この場合、on は get という動作が行われた結果、目的語 jacket に生じた状態を表しています。つまり、the jacket が on の状態にあるわけです。

　もう 1 つ例を挙げておくと、He turned on the light. でも同じことが言えます。もちろん、he = on the light にはなりません。turn on は動詞句となっています。したがって、He turned the light on. となります。ここでは、light が on の状態になっているのです。

　1. のように前置詞の場合は、on は主語 Kate と目的語 the train の位置関係を示しているので、もちろん Kate got the train on. とすることはできません。

　これで、前置詞と副詞の機能の違いについておわかりいただけたでしょうか。では、基本概念の説明に入りましょう。

4. 前置詞・副詞編

ABOVE　　　　　　　　　　　　　　　higher than

　above の基本概念は higher than で、あるものが別のものより高い位置にあることを示します。この高い位置とは物理的なものだけでなく、価値のような比喩的なものも含みます。この場合 above で大切なことは、2つのものが面で接触していないということで、この点が over と異なります。

1. The mountain is 868 meters above sea level.「その山は海抜868メートルです」

「海抜〜メートル」は above を使って表します。〜 meter higher than sea level（海より〜メートル高い）ということです。

2. Health is above wealth.「健康は富に勝る」

more important than 〜（〜よりも大切だ）という意味です。

3. This elevator doesn't go above the fifth floor.「このエレベーターは5階から上は行きません」

above は higher than ですから、higher than the fifth floor（5階より上）に行かないという意味です。

4. See above.「上記参照」

above は、earlier (in a book, in an article) で、「（本や記事などで）前述の部分」という意味にもなります。

ACROSS　　　　　　　　　　from one side to the other

　across の基本概念は from one side to the other で、あるものの一方からもう一方への動きや関係を表します。across は横方向への動きです。クロスワードパズルでは横の列は across、縦の列は down です。

第1章　使える語彙を身につけよう

1. Sign across the revenue stamp.「印紙の上から署名してください」

　これを on the stamp とすると、印紙からはみ出さずに署名をすることになります。across は over という意味合いもあるので、「横切って署名する」、つまり印紙からはみ出ることになります。印紙などからわざとはみ出るように署名をしたり、印鑑を押したりするのを想像してください。

2. The lake is four miles across.「その湖は直径4マイルだ」

　across は横方向の動きを表すので、「横幅〜メートル」は、〜meters across と言えばよいわけです。円形の場合はこれが「直径」になります。

3. The dog walked across the street.「犬が通りを渡った」

　この場合は、to the other side of 〜（〜を隔てた向こう側に）という動きを意味します。移動を表す walk、go、come、run、swim などの動詞と組み合わせると、「渡る」という意味になります。

ALONG　　　　　　　　　　　on, onwards in a line

　along の基本概念は on、onwards in a line で、基本的には on と同じです。どちらも「連続」を表しますが、on は面での接触に重点があり、along は in the same direction という「同方向性」に特徴があります。

1. We met along the way.「われわれは途中で会った」

　この along は on や during、つまり「〜の間、最中」という意味合いで使われています。along the way は on the way と同じ意味で、「道の途中で」となるわけです。

2. Sign along this line.「この線より上に沿って署名してください」

form (用紙) の署名欄が、よく _____ となっていますね。このよ
                              signature
うなところに署名するのが、sign along the line です。この along
がまさに on の意味で、日本語では「～に沿って」という表現が適
当です。

3. I knew it all along.「初めから知っていました」

　all along は from the start (初めからずっと) という意味です。
along は時間的経過の連続性を表しています。また、同じ all along
でも There are trees all along the road. (道の端から端までずっと
木が植えられている) では空間の連続性を表します。

AROUND　　　　　here and there + circular motion

　around の基本概念は here and there + circular motion で、基本
的には about (～あたり) と同じですが、around には round と同様
に「円」の意味合いが含まれています。ただし、rotation (回転) の
意味があるときは、around ではなく round を用いるのがふつうで
す。たとえば、The earth goes round the sun. (地球は太陽の周り
を回っている) というような場合は around は用いません。

1. A crowd of people gathered around the actor.「その俳優の
   まわりには人だかりがしていた」

　話題の人や有名人が海外から帰ってきたりするときは、決まって
成田に報道陣などが待ち構えていて、その有名人を囲って黒山の人
だかりになります。こんな状況を英語で説明するとき、「～のまわ
り」は around を使えばよいのです。この場合、around、round の
両方が使えます。

2. Christmas is just around the corner.「クリスマスはもうすぐ
   だ」

第1章　使える語彙を身につけよう

around the corner は、「角のあたり」→「近くに」という意味のイディオムです。いかにも「すぐそこ」という感じの表現です。

3. We are ready around the clock.「24時間体制でサービスを行なっています」

「24時間体制で」は 24 hours a day だけでなく、around を使った around the clock という表現も覚えましょう。

AWAY　　　　　　　　　　　　at a distance, not near

away の基本概念は at a distance、not near で、何かが離れていることを表します。同じ離れていることを表す off とまったく違うのは、**away がある起点から遠ざかる動きを表す**のに対し、**off は on していないこと**を表すという点です。したがって、away には disappearance（見えなくなること）、loss（失うこと）などの意味合いもあります。なお、away は副詞や形容詞としては用いられますが、前置詞として用いられることはありません。

1. The water has boiled away.「お湯が沸騰してなくなった」

boil だけだと単に「沸騰」ですが、away とつけると水がなくなってしまったというニュアンスが出てきます。

2. The meeting is ten days away.「会談は10日後です」

この文を直訳すると「会談が10日先に（離れて）ある」となります。このように、「時間的に離れている」ときにも使うことができます。

3. The snow melted away when the sun started shining.「日が照りだして雪が溶けてしまった」

これも away がつくことによって、「溶けてなくなる」という意味になります。

4. 前置詞・副詞編

BELOW　　　　　　　　　　　　　　　lower than

　below の基本概念は lower than で、あるものが別のものより低い位置にあることを示します。ちょうど above の反対の意味です。

1. See below.「下記参照」
　See above だと「上記参照」です。

2. Sign below the line.「線の下に署名してください」
　「線に触れないで、かつ線より下の位置に」ということです。前後を入れ換えて the line below とすると、「下の線」「同じページなどの下の部分にある線」を表します。この場合は later on a page という意味の副詞です。

3. That is below the mark.「それは必要な水準に達していない」
　below the mark は below the required standard（必要な水準以下で）という意味です。

DOWN　　　　　　　　from a higher to a lower position

　down の基本概念は from a higher to a lower position で、地位・状態などあらゆるものの「上から下へ」の動きを表します。したがって、away とは度合いが異なりますが、無の状態を表したり、ある動作の completion（完了）や強めを意味したりします。across は横方向、down は縦方向の動きです。

1. John is gone today. He is down with the flu.「ジョンは今日、欠席です。彼はインフルエンザで寝こんでいます」
　ここでの down は、sick、ill（病気だ、気分が悪い）という意味の形容詞として使われています。また be gone は、この場合「いない」「欠席している」という意味です。この文は、日本語でくだけた

第1章　使える語彙を身につけよう

言い方をすれば「死んでるよ」という感じです。また、同じ意味で日本語でも「ダウンしてる」ということがありますね。

2. Don't let me down, please.「がっかりさせるなよ」

let down は to disappoint（失望させる、がっかりさせる）という意味です。

3. She was down and out.「彼女は落ちぶれて無一文だった」

down and out で「落ちぶれる」「食いつめる」という意味の慣用句です。Eric Clapton の歌にもあります。

IN　　　　　　　　　　　　　　　　inclusion

in の基本概念は inclusion で、何かがある範囲・時間・空間・概念内にあることを示します。

1. Jogging is out and walking is in.「ジョギングがすたれて、今はウォーキングが流行っている」

in は、ここでは in style、up-to-date、fashionable、つまり「流行っている」という意味の形容詞として使われています。What's in? と言えば「今何が流行っているの？」という意味です。

2. My new book is not yet in print.「私の新しい本は、まだ出版されていない」

in print は printed and on sale という意味で、商業出版物に関して使われる表現です。

3. Strawberries are in season now.「イチゴは今が旬だ」

in season は、このように食べ物に使うと「旬だ」「シーズンだ」という意味になります。つまり、in time for eating ということです。

4. 前置詞・副詞編

OFF　　　　　　　　　　　　　　　away from, detached

　off の基本概念は away from、detached で、あるものと他のものが接触していないことを示します。物理的なものだけでなく、もちろん比喩的にも非接触を表します。たとえば、off duty ならば勤務から離れている、つまり「非番」のことになります。また day off は「休日」の意味です。

1. Kelly is off today.「今日、ケリーは休みです」

　not at work の意味の形容詞として使われています。つまり、今日はケリーにとって day off だということです。

2. That sounds a little off.「それはちょっとズレてるよ」

　ここでは、off は not proper や not adequate という意味で、本道からはずれた、ちょっとおかしい、日本語で言う「ズレてる」という感じです。この off は形容詞として用いられています。

3. This is off the record. I don't like my boss.「これはオフレコだけど、私、うちの上司嫌いよ」

　ここでの record は「記録」のことで、off the record は「記録に残さない」ことです。つまり、unofficial や confidential という意味になります。日本語でも「オフレコ」と言いますね。

ON　　　　　　　　　　　　　in contact with a surface

　on の基本概念は in contact with a surface で、面での接触を表します。つまり、off の反対で、縦でも横でも何かと何かが触れている状態は on です。触れているということは、一種の「連続性」を意味するので、on は動作や状態が進行中であることも表します。

1. The book is on audio.「これはオーディオの本だ」

第1章　使える語彙を身につけよう

このように、本が何かについて書かれていることを述べるときにも on が使われます。この場合、about でも意味は同じですが、on はどちらかというと専門的な書物に、about は一般的に書かれた本に用います。a book on childcare と言うと保育科で読むようなテキストの感じですが、a book about childcare と言えば新米のお母さんが気軽に手に取って読めるような感じです。

2. Where are you going on leave?「休暇はどこへ行くの？」

on leave は「休暇中」という意味です。ここでは on は、at the time of 〜、during 〜 という意味で使われています。「今、休暇中です」は I'm on leave now. となります。

3. Are you on the committee?「君はあの委員会のメンバーですか？」

on は、委員会や理事会など特別な集まりのときに用いられ、a member of 〜 を意味しますが、このような場合、ふつうは in でかまいません。たとえば、Are you in the club? は「クラブのメンバーですか？」という意味です。

OUT	away, toward the outside

out の基本概念は away、toward the outside で、「何かの範囲の外へ」ということです。もちろん物理的なものだけでなく、比喩的なものも含まれます。この「外へ」ということから発展して disappearance（見えなくなること）、あるいは動作の completion（完了）を表すことができます。

1. The book is out of print now.「その本はもう絶版になっています」

out of print は「print していない」、つまり not available（入手で

きない)、not being printed (絶版になって) という意味です。

2. Sorry, strawberries are out of season.「申し訳ありませんが、イチゴは季節ではないので置いてありません」

out of season は「season から外れて」という意味です。つまり「季節外れ」ということです。逆はもちろん in season (旬の) となります。

3. Tom has been out of work for six months.「トムはもう6か月も職がない」

out of work は、having no job、unemployed (失業している) という意味です。

OVER　　　　vertically above, on the surface of

over の基本概念は vertically above、on the surface of で、位置関係が縦に上であることを示します。この場合、面と面が接触していてもしていなくてもかまわず、above とはその点が異なります。接触している場合は on も使えますが、over は on よりも空間的広がりがあります。

1. Dinner is all over. Nothing left for you.「ディナーはすべて終わりました。もう残っていません」

ここでは、all over は finished、done with (終わって) という意味で使われています。

2. Jane is over the hill, you know.「ジェーンはもう下り坂だね」

over the hill は、passing prime (全盛期を過ぎた)、on the downgrade (下り坂の) という意味です。丘を登りつめて、下り坂にかかったという感じです。over は、ここでは「越した」「過ぎた」という意味で使われています。

第1章　使える語彙を身につけよう

3. I am feeling itchy all over.「そこら中がかゆい」

all over は everywhere という意味です。ここでは「手も足も体中が」という感じです。つまり、all over the body です。1. の文は、all over を finished の意味で用いました。このように、all over には2つの意味があります。

THROUGH　　from end to end, from side to side

through の基本概念は from end to end、from side to side です。through には across と同じように from one side to the other という意味がありますが、across が表面上のことを示すのに対して、through は、何かの内部を一方から一方へ動くことを意味します。たとえば、次の2つの文を比べてください。

(1)　He walked on [across] the grass.
(2)　He walked through the grass.

(1) は草でも芝生のような丈の短い草の上を踏んで行くような感じを表し、(2) は草の丈が腰ぐらいかそれ以上の草むらをかき分けて進む感じになります。前置詞だけでもこのように草の高さまで表せます。内部を突き抜けて行くところから、through は動作の completion (完了) を表すことができます。

1. I have read the text through.「テキストを最初から最後まで読みました」

この through は、まさに from end to end (端から端まで) ということです。他の言い方で cover to cover あるいは back to back と言っても同じ意味になります。この cover は「表紙」のことで、「表表紙から裏表紙まで」、つまり「全部」ということです。

2. I'm through with Mary.「メアリーとはもう終わったんだ」

このthroughはcompletionを表しています。つまり、メアリーとは別れた、ということです。

3. My previous message got through?「私が前に送ったメール届いた?」

get through (to someone) で「相手に届く」という意味です。

UNDER　　　　　　　　　　　　　　vertically below

underの基本概念はvertically belowで、位置関係が縦に下であることを示します。つまりoverとは逆の意味になります。underはoverと同じように、面と面とが接触していてもしていなくてもかまいません。また、underとbelowの関係は、overとaboveの関係と同じです。次の文を比べてみましょう。

(1) Tom hid under the table.「トムはテーブルの下にもぐりこんで隠れた」
(2) Tom hid below the table.「トムはテーブルの影に隠れた」

このbelowはlower than the top of the table (テーブルの上端より下に) ということです。

1. You are under arrest.「逮捕する」

under arrestはheld as a prisoner (逮捕されて) という意味です。つまり、「arrestという状態で」ということです。このセリフはアメリカの刑事映画でよく使われる表現です。

2. Sorry, I can't come. I'm a bit under the weather.「悪いけど、ちょっと具合が悪いから行けません」

under the weatherはsick、つまり「調子、具合、気分が悪い」という意味の口語的表現です。

第 1 章　使える語彙を身につけよう

3. You can talk anything under the sun.「どんなことでも話してください」

under the sun は on earth、in the world ということで、「何でも」という強調の意味です。

UP　　　　　　　　　　　　　　　　　　to a higher position

up の基本概念は to a higher position で、下から上への動きを表します。ちょうど down と反対です。面白いもので up も down もどちらでも動作の完了や強調を表します。

1. The sun is up.「日が出ている」

ここでは up は up in the sky という意味です。

2. Is Tom up?「トムはもう起きているか？」

この up は、out of bed（起きている、寝ていない）という意味です。

3. What's up?「どうしたの？」

何か問題とか事柄が持ち上がっているときにこう言います。ただし、これは口語表現なので、目上の人には使わないでください。

第 2 章 伝わる英語を使うためには？

　ここでは、第 1 章で押さえた単語の知識を使って、
実際に Plain English（簡潔な英語）で英語を作る練習をします。
まず、Plain English がどんなものかを理解し、
次に実際に英語を作ってください。
これだけ身につけられれば、今後、
たとえビジネスであっても
英語で困ることはなくなると言っていいほど
本質的な内容です。

1. Plain English とは何か

1978年3月23日、時のアメリカ大統領 Jimmy Carter は、大統領命令 (Executive Order) 12044 に署名しました。それは、次のような内容でした。

Federal officials must see to it that each regulation is written in plain English and understandable to those who must comply with it.
「連邦職員は、あらゆる規約が、それに関与する者が理解できるように、Plain English で書かれるよう配慮すること」

これが、アメリカにおける、行政府による成文化された Plain English 運動の始まりといえるものです。これによって役人や弁護士も、自分たちだけしか理解できないような legalese (法律言葉) や officialese (官僚言葉) で一般市民をけむに巻くことが許されなくなりました。

このような動きの出発点となったのは、アメリカの言語学者 Rudolf Flesch 博士です。Flesch 博士は 1950 年代頃から、アメリカにおける悪文の氾濫を憂い、簡潔明瞭な文を提唱しています。

普通の話し言葉で書く

英語学習者、いやアメリカの知識人にも、難しい単語や構文を使うと格調高くなると信じこんでいる人がいまだにいます。

コミュニケーションの道具としての英語は、誰もが苦労なく文の言わんとすることを理解できることが、最も大切です。Clarity comes first. (わかりやすさが最優先) であることは間違いありませ

ん。

さて、Plain English とは具体的にはどのようなものでしょう。

ひとことで言ってしまえば、英語圏の大人の話し言葉のレベルで、余計な装飾をせず話すように書かれた英語のことです。

語彙面で言えば、アメリカの9年生（日本の中3にあたる）にわかるレベルです。日本人であれば中学英語レベルに該当します。

このように言うと、「大人が幼稚な英語を使うべきではない」と反論する人がいますが、平易な単語を使うことと、文が幼稚であることは別問題です。

Rudolf Flesch 博士のあとを継いで Plain English を推し進めている Edward P. Bailey Jr. が、自著『The Plain English Approach to Business Writing』（Oxford University Press 刊）の中でこう言っています。

Writing with ordinary words doesn't mean writing with kindergarten language or producing only simple-minded ideas.

「日常語で書くということは、幼稚な言葉を使うということでも内容が知的でないということでもない」

現在では一般紙や雑誌、公文書などはもちろんのこと、技術文書などテクニカル・ライティングの分野でも Plain English が主流です。

次の2つの文を比べてください。

(a) The disk must first be placed in the A-drive and then the computer must be turned on. A menu with the . . . .
(b) First, put the disk in the A-drive. Then turn the computer on. You'll then see a menu with the . . . .

どちらもコンピュータのマニュアルから取ったものです。アメリカでも昔は (a) のようなスタイルの文が氾濫していましたが、現在

第2章 伝わる英語を使うためには？

ではほとんどが Plain English になっています。

　これから英語で仕事をしようという方も、Plain English を身につければ英会話はもちろんのこと、ビジネス交渉やビジネス文書のやりとりでも十全の力を備えることができます。「ビジネスなのだから難しい英語を」などと回り道せずに、本書で Plain English を身につけて、本物の仕事の英語力を一緒に身につけていきましょう。

2. Plain English 10箇条

Plain English がどういうものかを知っていただくために、Plain English を身につけるための 10 ルールを挙げておきます。

このルールは、logic についての条項に見られるように、日本人の英語の欠点をふまえて、皆さんが少しでも Plain English を実践できるようにと私が改良したものです。できたら英文ごと丸暗記してください。

ケリー伊藤の Plain English10 箇条

1. **Prefer the short word to the long.**
   「長い単語より短い単語を」
2. **Prefer the familiar word to the fancy.**
   「カッコいい凝った単語より、慣れ親しんだ単語を」
3. **Prefer the specific word to the abstract.**
   「抽象的な単語より、具体的なものを」
4. **Use no more words than necessary to make your meaning clear.**
   「よけいな単語は使わない」
5. **Use the active voice whenever possible.**
   「できるだけ能動態を使う」
6. **Use verbs. Put verbs in action.**
   「動詞を生かす」
7. **When possible, express even a negative in positive form.**

第2章　伝わる英語を使うためには？

「できるだけ否定形を避ける」
8. **Put one piece of information in one sentence.**
「1つの文には1つの情報を」
9. **Put outline first and then details or specifics.**
「まず概論を述べてから、詳細に入る」
10. **State cause and effect.**
原因・結果をはっきり述べる。

1から4は、単語・語句に関する鉄則です。順に見ていきましょう。

1　長い単語より短い単語を

同じ意味でもいろいろな単語があるものです。日本の学習者は、どういうわけか、同じ意味なら長い単語や難しい単語を好みますが、これからは努めて短い普通の単語を使うよう、心がけてください。

英語は長い単語より短い単語を使うほうが、文章がきびきびとしてリズムが出ますし、表現が生き生きとしてきます。

たとえば、endeavorと言うなら、tryで事足ります。indicateでも結構ですが、showやtellで十分です。facilitateと言うとカッコよく感じるかもしれませんが、easeやhelpで十分です。

2　カッコいい凝った単語より、慣れ親しんだ単語を

一般的に、長い単語はカッコよく凝った単語で、短い単語は慣れ親しんだものが多いものです。このため、10箇条の1と2はある意味では重なります。

たとえば、deteriorateはworsenを気取った言い方にしたものです。deteriorateが間違いというわけではありませんが、すんなりと耳や目に飛び込んでくる単語worsenを使うべきです。まして、日本人には、英語の発音においてもハンディがあるわけですから、カッ

コいい言い回しをする必要はありません。

3　抽象的な単語より具体的なものを

　日本では、はっきり物事を言わないのが美徳とされてきましたが、英語圏でそれを「美徳」と解釈してくれるのは日本に詳しい人だけです。日本人的に物事を曖昧に言うと、なかなか自分の言いたいことが伝わらないのがふつうです。曖昧さを極力排除して、はっきりと具体的に言うことを心がけましょう。

　日本語で多用される「まあまあ」をそのまま英語にしようと思うと、かなり大変です。英語ではできるだけ明確に言うのが当たり前なので、そのまま so-so などと訳しても多くの場合に意味不明になるからです。

　日本人学習者は「素晴らしい」のつもりで remarkable を使いますが、これも問題です。He is a remarkable person. と言っても、「何が素晴らしいの？」と思われるだけです。これからはもっと具体的に、たとえば「語学力がある」なら He is a language genius. He speaks five languages. などと言うように心がけてください。

4　よけいな単語は使わない

　必要のない単語を省きます。次の例を見てください。

end result / lonely hermit / exact counterpart / original founder / future plan / organic life / end product / mutual cooperation / complete monopoly / general public / true facts / personal friend

　皆さんには違和感のない表現が多いかもしれませんが、ここにある表現はすべて不要な形容詞を含み、redundant です。general でない public はありません。cooperation というのは、そもそも mutual です。名詞自体にすでに修飾語となっている形容詞の意味が

第2章　伝わる英語を使うためには？

含まれています。

　これはすべてネイティブスピーカーの書いたものです。ネイティブだから Plain English が書けると思ったら大間違いです。

　金融経済の分野で日本人が好んで用いる potential risk も英語としては不自然です。おそらく日本語の「潜在的リスク」を直訳したのでしょうが、risk はそもそも the possibility of something bad happening at some time in the future（将来何か悪いことが起こる可能性）という意味で、risk 自体に potential の意味合いはすでに入っています。ひどいものになると、materialized risk（顕在化したリスク）というのまであります。risk が顕在化したらそれは risk ではありません。論理的に考えればわかるはずですが、日本語に引っ張られるとこのような奇妙な表現になってしまいます。

　次に、5 から 7 は構文についての鉄則です。

5　できるだけ能動態を使う

　日本語では「〜される」という言い方がいかに多いかあまり意識していないでしょうが、実際に日本語を英語に訳そうとするときにそのことがよく問題となります。

　英語の最も基本的な構文は S + V + O です。Somebody does something. が最も基本的でインパクトがあります。行為を起こすものがあり、次にその行為が何であるかが示され、最後にその行為を受けるものが来ます。これが英語の自然な力関係なのです。「英文では主語に重点がある」というルールがあるので、行為を受けるものに重点があることを示すためなら問題はありませんが、日本人学習者の場合は、「なるべく能動態を使う」と心がけるくらいでちょうどよいと思います。

　日本人は It is said that ... といった受動態を使いたがります。たしかに教科書に出てくる表現ですが、People say that ... としたほ

うが、文が生き生きします。むしろ省いたほうがいい場合もよくあります。

be動詞を含む文もなるべく使わないほうがいいでしょう。be動詞は動詞の中でも語の持つインパクトが一番弱く、文のliveliness（生き生きした感じ）を失わせます。たとえば、「渋谷で火事があった」はThere was a fire in Shibuya. ではなく、A fire broke out in Shibuya. と言ってください。

受動態は物事をあまりはっきり言いたくないときに多用される消極的な表現です。アメリカの政治家も、はっきり言いたくないときは受け身をよく使います。ウォーターゲート事件の証言でも多用されました。

6　動詞を生かす

アメリカ人でも、動詞1語で済むのにわざわざ動詞＋名詞の組み合わせを使う人がたくさんいます。Plain Englishを推進している側は、そういう人のことをthe noun plague（名詞病）と呼んでいます。

たとえば、英米人の中にも好んで使う人が多いdetermined the truth of～（～の信憑性を決める）という句はverifyという動詞1語で事足ります。日本語学習者が好むtake into considerationもconsider 1語で十分です。

なお、このような動詞の使い方を知りたければ、英語圏の広告を見ると勉強になります。広告文ではインパクトが大事だからです。

7　できるだけ否定形を避ける

英語でも遠回しな表現を使いたがる日本人が多いのですが、英語ではなるべく簡潔な肯定文を使ってください。たとえば、I don't like him. と言うよりも、I hate him. のほうがインパクトがあります。not patientではなくimpatient、did not listen toよりはignoredを使っ

たほうがインパクトがあります。I don't like him. が適切なのは、あえて遠回しにしたいときだけです。

たとえ否定の内容であっても、可能なかぎり肯定文の形で表現するように心がけてください。日本人の好きな二重否定は論外です。

8から10までは文の構成とロジックについてです。

8　1つの文には1つの情報を

日本人の英語は関係代名詞などの難しい構文をたくさん使って、いろいろなことを一度に言ってしまおうという傾向があります。これでは文をわかりにくくしているだけです。

英語を話すとき、関係代名詞は使わないでください。そう言うと驚く人が多いでしょうが、1つの文には情報は1つだけに絞ったほうがいいのです。実例を見ましょう。

Tom is a good-looking eye doctor.
「トムはカッコイイ眼科の先生です」

プロの校閲者でもこのまま通してしまう英文ですが、英語母語話者はこうは言いません。この文には修飾語が2つあります。good-looking と eye です。eye は「眼科」の医者であるという事実を述べるための修飾語です。このように事実を定義する修飾部分を、defining と言います。それに対し、good-looking は話者の主観です。このように主観による修飾部分を commenting と言います。

1つの文に defining と commenting を両方入れてはいけません。情報はいつも事実とコメントに分けなければいけないのです。Plain English ではこう言います。

Tom is an eye doctor. He is good-looking.

日本のニュースはコメントと事実が入りまじっています。たとえ

ば、現場の記者がいきなり「実に痛ましい事件が起こりました！」と言ったりしますが、アメリカではありえません。事実のみを明確に伝えて、それをどう考えるかは受け取る側にまかせるというのがジャーナリズムの一貫した姿勢です。

9　まず概論を述べてから詳細に入る

英語の文章では、最初の文で何の話かわかるように書かれています。最初の文は全体の outline（ジャーナリズムでは lead）を述べると決まっているからです。

日本語では最初から説明が来ることが多いのですが、英語では事実や主張を最初に述べるのがルールです。結論が先、説明はあとです。最初に outline があれば、これから話されることがわかるために、説明の理解が促されます。日本語では状況説明をしてから結論を言いますが、英語では「だからこうです」の結論部分を先にもってきます。

paragraph 構成も同様です。日本語では段落の最後にまとめが来ますが、英語では paragraph の最初にまとめの一文を置きます（topic sentence と言います）。具体的な数字などがあとに続きます。

10　原因・結果をはっきり述べる

英語では「原因や理由」とその「結果や主張」の両方を述べますが、日本語では必ずしもそうではありません。日本語では原因だけあるいは理由だけ述べても、聞き手が先回りして結果や主張を察してくれるからです。

娘が4、5歳ごろのことですが、ある人が We don't have much time.（時間があまりない）と言ったのに対して、娘は So what?（だからどうしたの？）と切り返しました。目上の人には失礼な言い方ですが、親しい仲なのでついやってしまったのでしょう。

第2章 伝わる英語を使うためには？

　これくらいの年齢でも、英語で育つと自然に cause と effect の論理が身についています。日本語なら「時間がありません」と言えば、急がなければいけないと察してくれますが、英語では Hurry up.（急いで）などと明確に伝える必要があります。

　日本語では状況説明だけで言いたいことが伝わりますが、そのまま英語にしても伝わるとは限りません。誤解のもとです。

3. 伝わる英語を書くための50題

　ここでは、Plain English を使った英語の書き方を解説します。問題形式にしましたので、ぜひ実際にやってみてください。問題の日本語文を英語に直して、自分の作った英語が Plain English の観点から適切だったかどうかをじっくり検討します。

　すべての問題を終える頃には、Plain English の作り方が実感として身についているはずです。

問題 1

首相が病気を理由に辞職した。

誤答例

×**The prime minister resigned his post because of his poor health.**

　because of と言うと「事実」になってしまいます。resign は「職を辞す」で、「職」という意味がすでに入っているので、resign his post とは言いません。もし、職名を述べたければ、resign as prime minister となります。

（例）He resigned as manager.「彼は部長の職を辞した」

×**Illness made the prime minister resign.**

　resign は正解ですが、made ～ resign とすると、病気が事実になって、しかも使役動詞なので不適切です。

　illness の根本的な意味は「悪い状態」です。～症というようない

127

わゆる病気とは違います。illness は、sickness が長引いて悪い状態が続くことです。

「病気」は disease です。医者が病気の原因を探るというような場合も illness ではなく、the cause of a disease と言います。しかし、ここでは disease も適当ではありません。解説を参照してください。解説を読んで、cite の使い方も覚えておきましょう。

×**Prime minister quit his job because of illness.**

quit は公職のときには使えません。また quit もこれ自体で「仕事を辞める」という意味です。

解説

ポイントは「病気を理由に」のところで、本人が記者会見などでそう言っただけで、本当のところはわからないことになります。because of や due to などを使うと「事実」になってしまい、「本人が言うのには」というニュアンスは出せません。そこで、「引き合いに出す」という意味の cite を使います。すると、「病気を引き合いに出して辞めた」となり、日本文のアイディアに合うわけです。

次に disease（病気）についてですが、実際の場面では disease というくらいなら、cancer（ガン）とか heart problem（心臓病）のように具体的に言ってしまいます。もし、曖昧にしてごまかしたいときは、poor health（健康がすぐれない）と言います。

公職を「辞職する」というときには、leave office（→ p.24）、resign、step down の3つを覚えておいてください。

模範解答

The prime minister resigned [left office / stepped down], citing his poor health.

3. 伝わる英語を書くための50題

> (問題 2)
> 大丈夫だよ。彼はあとから来るよ。

(誤答例)

×No problem. He will come later.

文法的には合っていますが、日本語のアイディアを表現しきれていません。この日本文の「来る」というのは、パーティにあとから「加わる」ということですね。come だと単に move（移動）の概念しかなく、to be with の意味が表せません（→ p.49）。

×Don't worry. He should be here later.

Don't worry は OK です。be here は「ここいる［来る］」ということで、単に「位置」の観念しかなく、この日本語のアイディアである「パーティにあとから加わる (to be with)」という意味が表現しきれません。解説を参照してください。should be は「今ここにいるはずだ」という意味になります。

×Don't worry. He will arrive shortly.

He will arrive shortly. は「まもなく着く」で、問題文の「あとから来る」とはちょっと違います。

(解説)

単に移動するという意味の「来る」ではなく、あとから「自分たちと一緒になる」という be with の概念を表現したいときは、come ではなく join を使います。come を使うと、戸口まで来るだけで帰ってしまってもよいことになってしまいます（→ p.49）。

(模範解答)

No problem. He will join us later.

第2章 伝わる英語を使うためには？

問題 3
日本は狭い国にもかかわらず、世界でも人口の多い国の1つです。

誤答例

×Japan is one of the populous countries in the world although it is a narrow country.

英語の論理で日本語を見ると、その日本語の問題点がわかる場合がよくあります。この日本文にも問題があります。面積と人口の対比をしている文章ですが、面積のほうは何も比較対象が述べられていません。基準がなく、ただ「狭い」と言っているだけです。一方、人口のほうは「世界で」という範囲があり、基準を設けています。

このように、片方は漠然と言い、もう片方は基準を設けて言う、しかもその2つを対比させることは英語ではできません。英語では on the same plane（同じ土俵）で言わないと対比にならないのです。

対比になっていなければ but では結べません。but は逆接を表す接続詞なので、前にある内容ときちんと対比していなければ使えません。たとえば、I went to the party, but my wife didn't. とか Tom doesn't like football, but his brother does. のように使います。although も同じです。

one of the populous countries は文法的には間違いではありませんが、堅苦しい表現なので使いません。「人口が多い」は large in population と表現します。

narrow では large と対比できません。small になります。また面積（area）に用いるのも narrow ではなく small です。narrow は「幅が狭い」という意味です。

3. 伝わる英語を書くための50題

×Japan is one of the countries that have the largest population, even though it is a small country.

　it is a small country というと何を基準として「小さな国」と言っているのかがわかりません。日本より小さい国もたくさんあるからです。英語では必ず具体的に「～より小さい」などと言わなければ理解されません。また、small country だけでは、「面積が狭い」という意味を表すには、不十分です。countries that have the largest population と言うと、その国々すべての人口が同じということになってしまいます。

×Japan has one of the biggest population, although it has small land.

　big は単に大きさのことだけでなく内容面にも言及しています。たとえば、a big city は、単に面積が広い都市ではなく、人口や都市機能などもろもろの条件を含めた「大都市」の意味になります。したがって単に人口が多いという場合は big ではなく large を使います。

　one of ～ と言う場合、「いくつかあるうちの1つ」ということなので、後ろには数えられる名詞の複数形が来なければなりません。

解　説

　対比を表現する場合は同じ style を繰り返します。これを修辞法では parallelism（対句法）と言います。模範解答では、small と large、area と population を対比していて、ほかはまったく同じです。同じ style を続けて語句だけ変えると非常に対比が明確になります。また、言いたいことがよくわかることにもなります。

　ここで「国」の呼び方について触れておきましょう。辞書だけではよくわからないことの1つです。

第2章　伝わる英語を使うためには？

> **(1) country**
> 地理的条件、文化的条件などすべてを含めた「国」を表します。
>
> **(2) nation**
> 通常「人の集まり」を指します。そして、その「人」は、ある主義主張の下に集まった人々のことを言います。たとえば、以前はドイツは2つに分かれていましたが、これを英語で言うと one country two nations になります。今の朝鮮半島も同様です。つまり、文化や言語は同じでも政治形態が違うということです。国連は United Countries とは言わずに、United Nations と言いますね。これは、国連は「政治的代表権を持った国」が集まっているからです。逆に、母国というときは home nation とは言いません。nation は一時的なもので、一生の間に変わることがあるからです。たとえば、小錦は日本人になりましたから彼の nationality は日本ですが、home country はもちろんアメリカのままです。
>
> **(3) land**
> 象徴的な言い方をするときに使います。たとえば、アメリカの呼称として有名なのは the Land of Opportunity、日本は、昔は the Land of the Rising Sun、一時は the Land of the Rising Yen と言われていました。このように比喩的に言う場合は、land を使います。
>
> **(4) state**
> その国がどのように治められているか、その形態を言うときに使う言葉です。福祉国家は welfare state、警察国家は police state というように使います。

このように見ていくと、英語では日本語の表す意味によって、論理的に「国」の呼び方を変えて言わなければならないことがよくわかりますね。この区別をいい加減にして言うと、英語を母語として

3. 伝わる英語を書くための 50 題

いる人にとってはとても変な感じがしたり、場合によっては誤解されることもありますので注意しましょう。

模範解答

Japan is small in area, but large in population.

問題 ④
海外赴任は商社マンにとって宿命のようなものだ。

誤答例

×**It is almost fate for trading company employees to be expatriated.**

fate とか destiny は、God's will（神の意志）、つまり「自分ではどうにもならないこと」です。英語を母語とする人に対して転勤を God's will と表現すると、非常に大げさな印象を持たれます。

fate/destiny は、「運命」という抽象概念では無冠詞ですが、「個人の運命」という意味で使うときは必ず誰かに付随しているものなので、my fate、his fate のように所有格がつきます。a fate とは言いません。destiny も同様です。

fate と destiny は英和辞典では同じ「運命」ですが、fate は、その形容詞形の fatal（死に至る）からもわかるように「腐れ縁」のようなちょっとネガティブなニュアンスがあります。

一方、destiny は、destination（行き着く先）という派生語でもわかるようにポジティブなニュアンスです。ですから、Paul Anka の You're my destiny のように女性を口説くときに使える言葉です。

expatriate は、他動詞では「国外追放する」「国籍を捨てさせる」という意味です。

第2章　伝わる英語を使うためには？

×Being transferred abroad is a kind of destiny for a business person.

businessman や business person は、会社の管理職クラスか、商売を営んでいる人をさします。「商社マン」という意味にはなりません。「商社マン」は、trading company employee です。Being transferred abroad は OK です。

×Working abroad is inevitable for a trading company employee.

work abroad には出張の意味も含まれてしまいます。inevitable は、本当に「避けられない」という意味なので、ここでは不適当です。会社を辞めたり、辞令を断ったりすれば海外赴任からは逃れられるので、本当に避けられないわけではありません。

解　説

日本文の「宿命」は、ここでは「あたりまえ」という意味ですね。detach ideas from words をしましょう。日本語の「あたりまえ」は、英語では a way of life と言います。a way of life を「生活様式」と覚えていては使いこなせません。この表現は使いやすいので覚えておいてください。たとえば、「東京では違反駐車はあたりまえ」は、Illegal parking is a way of life in Tokyo. と言います。

模範解答

Living abroad is a way of life for trading company employees.

問題 5

インターネットのことなら何でもご相談に応じます。

3. 伝わる英語を書くための50題

誤答例

×Ask anything about the Internet.

考え方はたいへんいいですね。日本語のアイディアをよくとらえています。しかし、ask anything about 〜 は「〜について何でも質問してください」という意味になります。「相談に応じます」ということとは少しニュアンスが違います。any は「制限なしに何でも」という意味ですから、インターネットに関するすべて、極論を言えば、「ハッキングについても教えてくれるのか？」ということになってしまいます。また、解説にあるようにまず「来てください」という表現が必要です。

×Any request on the Internet will be responded.

respond は、respond to になります。ただし、request は「要求」で、「相談」とは違います。

×We respond to any questions about the Internet.

respond to any questions 〜 は「相談に応じます」とはニュアンスが違います。また、解説にあるようにまず「来てください」という表現が必要です。

解説

この日本文は「客寄せ」のための広告ですから、命令文で表現しましょう。命令文という日本語の響きで日本人は使うのを躊躇しますが、命令文は相手に動作を促すだけなので、決して失礼ではありません。欧米のCMはすべて命令文です。
(例) Order now. (今すぐご注文ください)

この問題には、日本語と英語のものの言い方の違いがよく出ています。日本語ではこちらができることを言いますが、英語ではまず客に来てもらわなければならないので、こちらができることだけを言っても仕方がないわけです。したがって、まず来てもらうために

第2章　伝わる英語を使うためには？

模範解答の文を言って、そのあとでこちらのできることを言います。たとえば、We have iCloud specialists.（iCloudの専門家がいる）のように続けるわけです。

「ご相談」について解説します。和英辞典をひくとconsultと出ていると思いますが、consultは堅い言葉ですので、あまり「相談する」という意味で動詞で使うことはありません。consulting serviceや、consultantという名詞的な使い方が普通です。例外的に、薬のラベルなどにConsult your physician.「（万が一飲み込んだ場合は）医師に相談してください」と書いてあるくらいです。

「インターネットについてのご相談」などと言うときにはconsultではなく、seeを使いましょう。seeは、相談する側でも相談される側でも使えます。たとえば、「弁護士に相談する」はI've got to see my lawyer.、また、「医者が患者を診察する」はI've got to see my patient.となります。便利な表現なので覚えておいてください。

つまり、seeは単に「会う」というだけではなく、内容面も表している動詞です。ですから、単に友達と会ってお酒を飲むというような場合はseeではありません。

Can I see you tomorrow?と言うと、言われたほうは相談を持ちかけられるような気がします。単に一緒にお酒を飲むのならseeではなくてget togetherを用いてください。Let's get together and have a drink this Friday.です。

模範解答

Come and see us about the Internet.

問題 6

彼女は一見無愛想に見えるが、一度知り合いになると心の温かい人だということがわかる。

3. 伝わる英語を書くための 50 題

誤答例

×She looks unfriendly, but once you become familiar with her, you will find out that she is a very warm person.

知り合いになれば、その人がどんな人かはわかります。この日本文で言いたいことは、「第一印象で判断してくれるな」ということではないでしょうか。まず外見と中身の対比を述べて、それから、わかるまでに時間がかかると言えば、適切な英語のロジックになるわけです。「無愛想」は unfriendly でも間違いではありません。ただ、ここでは cold in appearance と warm at heart を使うと、対比がはっきりしてインパクトのある英語になります。

she looks unfriendly と you will find out 〜 が対比していないので、but で結ぶことはできません。find out は、調べたり尋ねたりして何かがわかるという意味です。ここでは find のみで用います。familiar は「知り合いである」ではなく、「なれなれしい」という意味になります。

×She seems to be blunt on the surface, but you will get to know that she is warmhearted.

seem は「〜のように思える」という意味です。「見える」とはニュアンスが違う場合もあります。また、on the surface と意味がだぶります。blunt は、「モノの言い方がぶっきらぼう」という意味です。blunt については解説を参照してください。warmhearted はいいですが、せっかく warm がでてきたのですから、cold と対比させるとよかったですね。

「心の温かい人だということがわかる」の「わかる」は、you will find や you can see のほうが自然な英語になります。また、「一度知り合いになると」という部分のアイディアが抜けてしまっています。「〜と知り合いになる」は get to know 〜 です。

×She seems to have cold heart. But once you get acquaint-

第2章　伝わる英語を使うためには？

ed with her, you will know she has warm heart.

　seem to は「〜のように思える」という意味です。「見える」とはニュアンスが違う場合もあります。ここでどのように言うか解説を見てみましょう。

　heart は冠詞が必要です。なお、cold heart という表現はありません。

　get acquainted は、確かに「知り合いになる」なのですが、誰かに紹介されて知り合いになる、とかあまり深くつき合うわけではない場合が多いのです。ちょっと知り合いになるだけで、心の優しい人であることがわかるのであれば OK ですが、ここでは get to know がピッタリです。

解説

　英文で多用される parallelism（対句法）を使います。cold の反対語は hot ですし、warm の反対語は cool なのですが、cool は「かっこいい」という意味ですから「見かけがきまってる」という意味になってしまいます。hot は sexual なニュアンスがやや強いので、「その気である」という意味になってしまいます。したがって、温かいは warm しか使えません。また、in heart という言い方もしません。このような理由から完璧な parallelism の形にはできませんが、一応対比になっています。

　無愛想という言い方について触れておきます。unfriendly は店員などが不特定多数の人に対して「無愛想な」と言う場合に使います。知っている人、たとえば、上司などが何か相談に行っても親身になってくれないようなときは、indifferent を使います。ものの言い方がぶっきらぼうな場合は blunt です。社会的に挨拶などがきちんとできないという場合は unsociable と言います。誤解を招かないために、きちんと使い分けましょう。

模範解答

She is cold in appearance, but warm at heart. It just takes time to get to know her.

問題 7

どこに行っても連絡は絶やさないでください。

誤答例

×Keep in touch wherever you are

keep in touch は正解です。しかし、解説にあるように keep より stay のほうがより感じが出ます。FM 放送などで keep tuned とは言わず stay tuned と言うのと同じです。wherever you are は「どこにいても」と言うより「いかなるところにいても」の意味になります。これでは刑務所に入っていても、南極に行っていても、と、例外のない状態を指すことになります。日本語を英語にする場合には足し算と引き算が必要ですが、ここでは引き算をして「どこに行っても」は省略します。

×Keep in touch with me wherever you go.

Keep in touch with me は正しいのですが、with me はないほうがすっきりします。また、解説にあるように keep より stay のほうがより感じが出ます。音楽番組の DJ が「チャンネルはそのまま！」と言う場合、Keep tuned! ではなく Stay tuned! と言っているはずです。

×Please keep in touch for good.

for good は permanently（永遠に）の意味です。

第2章　伝わる英語を使うためには？

解　説

「絶やさない」と言うためには keep も使えますが、stay のほうがより「持続」の感じが出ます。

模範解答

Stay in touch [Just stay in touch].

問題 8

あなたが怒るのも無理はない。

誤答例

×No wonder you get angry.

怒っている相手にこう言ったら、ますます腹を立てるかもしれません。No wonder は相手が怒っているという現象を「少しも不思議ではない」と客観的に述べているだけで、日本語の「無理はない」という話者の見解は伝わらないのです。I don't blame you なら言いたいことがよりはっきりします。get angry は「怒る」という一瞬の動作です。相手は現在怒っているので状態を表す be angry のほうが、この場面のニュアンスを正確に表しています。

×You have good reason to be angry.

この表現では「無理はない」というニュアンスはなくなります。あなたが相手が怒っている理由を知っていて、それはもっともな理由だと言うのなら That's a good reason. となります。reason を冠詞なし、不可算名詞として用いると、「道理」の意味になります。

×It's natural for you to get angry.

「無理はない」だから「当然だ」と考えて It is natural とした人がかなりいたでしょう。学校でもそうやって教えられることが多いよ

うです。しかし、怒っている相手にこう言ったら、ますます腹を立てるかもしれません。It is natural ～ だと客観的に述べているにとどまり、「無理はない」という話者の見解は伝わらないのです。I で始めると言いたいことがよりはっきりします。natural が使えるのは、たとえば It is natural for a bird to fly.（鳥が飛ぶのは自然なことだ）のように、「ある行為はあるものに本来備わっている」という場合です。

get angry でもいいのですが、相手は現在怒っているので状態を表す be angry のほうがニュアンスを正確に表します。

解説

日本語の「無理はない」を直訳しようとすると、元のアイディアを伝えられなくなります。I don't blame は「無理もない」→「あなたの気持ちはよくわかる」と相手に同情したり、気持ちを察するときによく使います。

模範解答

I don't blame you for being angry.

問題 9

名前は同じですが、私ではありません。

誤答例

×**I have the same name, but you have the wrong person.**

you have the wrong person と主語を変えると、I have the same name と呼応しません。私とあなたの関係を持ち出すと意味不明になります。wrong に対するのは right で、same に対するのは different です。ここは「同じか違うか（same or different）」ではな

第2章　伝わる英語を使うためには？

く、「正しいか間違いか (right or wrong)」の問題です。

×I have the same name, but I'm not her.

same を使うと、英語では「名前が同一である（私の名前である）」のに「私ではない」という論理の矛盾が生じてしまいます。ここでは right-wrong の概念枠を適用するとすっきりあてはまります。解説を参考にしてください。また、right-wrong、name-person のように2つの概念を対比させコントラストを出している点にも注目してください。英文にはよく見られる修辞法です。

×It is my name but I am not.

ここも「私の名前」と言っておいて「私ではない」と言うと、論理の矛盾が生じてしまいます。ここは、「name としては正しいが、person としては間違っている」と言い換えるといいでしょう。そもそも I'm not. だけでは、私が「何」ではないと言いたいのかがわかりません。

解説

誰かと間違えられた場合の「人違いですよ」は、You are talking to the wrong person. と言います。「違う」があると different を使いたくなりますが、「違い」が「間違い」の意味なら different ではなく wrong です。ここで、same と right の違いを見てみましょう。

same は、2つのモノが寸分違わず identical であるという意味です。right は一致しているかしていないかではなく、それ自体が true あるいは correct という意味です。

It is the same name, but it is not me. と言うと、「私の名前と比べてまったく identical である」と言っておきながら、「私ではない」と続けられており、英語の logic では矛盾してしまいます。right を使えば、その名前は名前として間違いではないのですから、「人が違う」と続いても何ら矛盾はないのです。

3. 伝わる英語を書くための 50 題

たとえば、あなたの家に何回も英語で間違い電話がかかってきて、かけようとしている番号が自分の番号と同じだったら、It's the right number, but it's the wrong house. と言ってください。番号違いは You have the wrong number. と言います。

模範解答

It's the right name, but it's the wrong person.

問題 10
今度一度ゆっくり落ち着いて話しましょう。

誤答例

×**Let's have a talk over a cup of coffee next time.**

「じっくりと話す会談」は talks と複数で言います。「首相が大統領と会談した」は The Prime Minister had talks with the President. となります。a talk というように単数で使うと「ちょっとした立ち話」という感じになってしまいます (→ p.33)。

over a cup of coffee (コーヒーでも飲みながら) は、「ゆっくり落ち着いて」というのとは違います。next time といった曖昧な言い方は英語圏では嫌われます。なるべく具体的にいつと限定してください。

×**Let's have a long conversation next time.**

話す前から a long conversation とは言えません。結果的に話が長くなってしまった場合に We had a long conversation. のように使う表現です (→ p.33)。

×**Let's talk it over calmly next time.**

calmly は「冷静に」「興奮しないで」ということです。ですから、

第2章　伝わる英語を使うためには？

この場合の「ゆっくり落ち着いて」というのとはかなり違いますね。

解説

「ゆっくり落ち着いて」とか「じっくり」「腰を据えて」という感じを出すには、down を使います（→ p.107）。「じっくり仕事にとりかかる」は get down to work と言います。

around を使うと無目的な感じがします。また、calm は「感情の高まりを抑える」という意味ですから、この場合には使えません。興奮している人に Calm down. (落ち着いて) と言う場合に使います。また、「今度一度」についてですが、本気で話したいなら、模範解答のように足し算をして、具体的に「いつ」を言わなければなりません。

模範解答

Let's sit down and talk sometime next week.

問題11

伊藤はただいま出張中です。

誤答例

×**Mr. Ito is on a business trip.**

オフィスにいるかどうかが焦点になっているときに、「仕事で旅行中」と答えるのは不自然です。

×**Mr. Ito is not available because of business trip.**

not available は「電話に出られない」という状況を言っているだけで、「出張中」ということは言っていません。ここが東京であれば「東京にいない」ということが問題なのです。また、trip には冠詞が

必要です。

×Ito is out of office now.

out of office は「辞職して」「辞任して」という意味です。「オフィスにいない」なら out of the office と the が必要です（→ p.24）。

解説

相手が不在であるとわかっても、アメリカ人は普通はその理由に触れません。仕事だろうと休暇だろうと、その人には関係ないことだからです。聞かれるとすれば、「いつ戻るのか」とか「伝言を伝えてくれるか」などでしょう。大切なのは、東京なら東京にいないということです。a business trip はさらに理由を述べていることになります。

ビジネス英会話の本には on a business trip がよく出ていますが、なんとも中途半端です。理由を示すなら、もっと具体的に言いましょう。たとえば、グループ会社の人などよく知っている間柄なら、Mr. Itoh is visiting the New York branch office.（伊藤氏はニューヨーク支社に行っています）といったように具体的に言います。

また、英語ではたとえ部下であっても、対外的には Mr. や Ms. をつけて言います。日本語では上司でも対外的には呼び捨てにするのとは対照的ですね。

trip についてコメントしておきます。trip を「旅行」と覚えている方が多いと思いますが、trip は「ある場所からある場所への移動」です。ですから、歩いて5分の郵便局などに行くのも trip ですし、車庫から家まで10mほどでも trip を使います。たとえば、車にたくさん買物をしたものが載せてあるので、車庫から家まで2回往復しなければならないときは、We have to make two trips. と言います。この場合は make を使いますが、「旅行に行く」なら go on a trip となります。

第2章　伝わる英語を使うためには？

模範解答

Mr. Itoh is out of town.

問題12

彼は1年ぶりで奥さんに会える日を、今楽しみに待っている。

誤答例

×He is looking forward to see his wife after an interval of a year now.

　interval と言うと、6か月ごと、1年ごとというように定期的に会うような感じがします。織姫と彦星ではないので、ここは単に「1年ぶりに会う」としたほうがよいでしょう。「～ぶり」を和英辞典で引くと absence とか interval などと出ていますが、いろいろな場合に使えるのは、for the first time in 期間 という表現です。たとえば、「3週間ぶり」であれば for the first time in 3 weeks です。この問題の場合は、for the first time in a year と言えばよいわけです。look forward to の to は不定詞ではなく前置詞なので、後ろに動詞が来る場合は -ing にします。

×He looks forward to seeing his wife after one-year separation.

　separation は、男女関係では「別居」です。たとえば、転勤などで離れて住んでいるという場合には使いません。

×He is looking forward to meeting his wife after one year.

　after one year では「1年ぶり」という意味にはなりません。meet は初対面の場合に使います。初めて会う人には It's nice to meet you. と言いますが、2度目以降で面識がある場合は使いません。問題文の設定では、相手が奥さんなので当然面識があるわけです。meet は

不適当です。別れ際に See you.（またね）と言うように、面識がある場合は see を使います。もう一度会ったときには Nice to see you again. です。

なお、待ち合わせや集合、会談の場合は、何度目に会っても meet を使うことができますが、「面識」の場合は初対面にしか使えません。問題文の場面でも see を使います。

解説

元が1つの文であっても、英語も1つの文にする必要はありません。英語では「1つの文には1つの内容 (One piece of information in one sentence)」でなければなりません。この日本文には2つの内容が含まれています。「1年ぶりで奥さんに会う」という事実 (fact) と、「それを楽しみに待っている」という彼の気持ち (comment) が1つの文で一緒に語られています。Plain English では、fact と comment は別々にしなければなりません (→ p.124)。

look forward というのは、このように「あらかじめ決まったことに対してどう思っているか」を表す表現です。手紙文で、「またお会いできる日を楽しみにしています」という部分をそのまま訳して I'm looking forward to seeing you again. とする方がたくさんいます。1週間後とか2週間後とかに実際に会うことが決まっていれば look forward を使ってもかまいませんが、会うことが決まっているわけではない社交辞令の場合は、不適当です。

どうしても言いたい場合は、I hope to see you soon. とします。hope はあくまでもこちらの希望なので、日程等が決まっていなくてもかまわないわけです。飛行機を降りるとき機内放送で、We are looking forward to serving you again. と言いますが、これは売りの文句です。次回も自分たちの airline を利用していただくことを前提にしているので look forward が使えるのです。

第2章　伝わる英語を使うためには？

模範解答

He is going to see his wife for the first time in a year. He is looking forward to the day [He is looking forward to it].

問題 13

お中元やお歳暮の習慣はなかなかすたれない。

誤答例

× **The custom of summer and year-end gifts still remain.**

custom of gifts では不十分で、gift giving custom としたほうが明確になります。また、remain だけでは「なかなかすたれない」という意味を表すには不十分です。still は「依然として」という感じです。

× **The gift-giving custom doesn't go out of fashion easily.**

go out of fashion はミニスカートなど「ファッション」に使います。「社会的な習慣」に対しては fashion は使いません。gift-giving custom は正解ですが、「お中元」「お歳暮」を表すにはこれだけでは不十分です。模範解答のように言えばどういうものかが伝わります。

× **The custom of midyear and year-end presents continues today.**

custom of ～ presents ではなく、custom of giving ～ presents と giving が必要です。gift は present も含みます。present は動詞では「目の前に提示する」という意味なので、「手渡す贈り物」が present です。たとえば、誕生日とかバレンタインなどのプレゼントは手渡すので present です。アカデミー賞の授賞式などでトロ

フィを渡す人を presenter と言います。お中元やお歳暮は手渡すとは限らないので、「お中元・お歳暮の習慣」と総称するときは gift が適当です。midyear より mid-summer がよいでしょう。continue だけでは「なかなかすたれない」を表すには不十分です。

解説

Bruce Willis の映画で有名になった die hard は、名詞として使うと「不死身の人」となり、動詞として使うと習慣などが「なかなかすたれない」という意味になります。この日本文の意図を伝えるにはこの die hard が最適です。習慣やならわしが「すたれない」というときは、このように「なかなか死なない」と表現する以外に、「ずっと生き残る」という肯定文でも表現できます。ほかに、「日本の貿易黒字はなかなか減らない」というようなときにも、Japan's trade surplus dies hard. というように使えます。

模範解答

The mid-summer and year-end gift giving custom dies hard here.

問題 14

英会話を習い始めてからかれこれ半年経つので、そろそろ英語で話がしてみたい。

誤答例

×**Half a year has passed since I started to study English. So I would like to try to talk in English.**

Half a year has passed since という言い方だと、半年間ずっと続けているかはわかりません。「震災から 1 年経った」と同じ言い

第2章 伝わる英語を使うためには?

方だからです。しかし、この日本文のアイディアは、「半年間ずっと習っている」ということなので、「私」を主語にします。そして、現在完了進行形を使用することにより日本語の「かれこれ半年経つので」というニュアンスが表現できます。

study は「学習」というより「研究」の意味合いが強い語です。この日本文では、英会話を「研究」しているのではないので study は不適当です。英会話やお茶などの「お稽古ごとをしている」は、take lessons in 〜 と言います。in のあとには習っている対象が来ます。「お花を習う」は take lessons in flower arrangement です。短い名詞なら lessons の前に置いて take cooking lessons とすることもできます。

「英会話」なので conversation が必要です。talk は一般的な言語能力とは関係ありません。耳の不自由な方が sign language（手話）で会話をすることも talk です。speak は verbal な言語能力を指しています。「英語はわかりますか?」は Do you speak English? です。Do you talk English? とは言いません。逆に、Hearing-impaired people talk in sign language.「聴覚の不自由な人は手話で話す」という文に speak は使えません（→ p.78）。ただし、ここでは speak も間違いです。授業中には英語で話しているはずだからです。

try to 〜 は「〜しようとする」という意味です。因果関係はないので、so は使えません。

×It has been six months since I started practicing English conversation. It is time for me to speak in English.

practice は、ピアノのレッスンなどのように、実際に反復して練習することです。「英語で話したい」の部分は、授業中には英語で話しているはずなので、detach ideas from words をしましょう。ここで言いたいのは「実際に通じるか試してみたい」ということです。

×I've been studying English conversation for the past six

months. Now it's time to put into practice what I have learned.

　put 〜 into practice は、「(計画や考えを) 実行に移す」という意味です。「話してみたい」ということは「ネイティブに通じるかどうか自分の英語を試す」ということなので模範解答のように言ったほうがよいでしょう。

解 説

　問題文は、日本語ではおかしくありませんが、そのまま英語にすると2つの点で論理的に矛盾が生じます。

　まず、英会話の授業中には英語を話しているはずです。すでに英語で話しているのに「そろそろ英語で話がしたい」というのは矛盾しています。したがって、「話をしたい」ということの真の意図、アイディアは何かを考えなければ、この日本語は英語になりません。

　次に、日本文では「ので」と接続詞でつないでいますが、これを英語でも因果関係でつなげてしまうとおかしくなります。「半年経つ」ことが「話がしてみたくなる」理由になることがよくわからないのです。つまり、「日本人は半年くらい英会話を習うと英語で話したくなる、実践で試してみたくなるものだ」という背景が共通の理解になっていなければ因果関係は成り立ちません。英語を母語とする人にはそのような理解はないはずなので、「半年習っている」というfact (事実) と「試してみたい」というcomment (気持ち) は2つの文に分けなければなりません。

模範解答

　I have been taking English conversation lessons for about 6 months. Now, I would like to try my English with a native speaker.

第2章　伝わる英語を使うためには？

問題 15

このことは聞かなかったことにしてください。

誤答例

×Please ignore what you hear.

現在形は普遍論を表すので、what you hear と言うと、「(これから)聞くものすべて」の意味になってしまいます。ignore は「無視する」という意味で、問題文のニュアンスと違います。

×Keep this conversation between you and me.

Keep 〜 between you and me. とは言いません。This is between you and me. なら OK ですが、これは「ここだけの話にしておいてください」ということです。今後も2人の間では話題に上ることも暗示されますから、元の文の「聞いたことを忘れてくれ」というのとは違います。

×Please pretend you didn't hear about this.

「聞かなかったふり」というのは具体的にどんな行動でしょうか。聞かないという演技を求めているわけではないので、これでは問題文の意図が伝わりません。

解　説

「聞かなかったことにしてくれ」は、「記憶から消してくれ、忘れてくれ」と言えばいいわけです。

ちなみに、forget は完全に記憶から消してしまうこと、forget about は一時的に考えないということです (→ p.91)。「今日は仕事のことは忘れて楽しみましょう」なら Let's forget about our job. Let's have fun. となります。Let's forget the job. と言うと、明日から会社に行かないことになってしまいます。

3. 伝わる英語を書くための 50 題

(模範解答)

Just forget what I said.

(問題 16)

欠陥のない国はない。

(誤答例)

×**Every country has a defect.**

この場合の「欠陥」は、差別があるとか、経済格差が大きいなど国家としての「問題点」のことです。defect は malfunction (正常に機能しない) という意味です。選挙制度や教育制度などの system (制度) に対して「機能不全」という意味で defect を使うので、この場合の「欠陥」に defect をあてるのは不適切です。

この問題の場合は fault を使いますが、問題点は 1 つとは限らないので、複数形で表したほうがよいでしょう。したがって、Every country has (its) faults. となります。

×**Every country has some problems.**

problem は「問題」の意味で幅広く使えるのでこの場合の「欠陥」も problem で正解です。文全体も問題ありませんが、もっとすっきり書くことができます。

×**No nation is perfect.**

nation はある目的・主義主張のもとに集まった「人々」を表します。総合的に「国」と言う場合は country を使います (→ p.132)。

(解説)

言いたいのは「完璧な国はない」ということです。No country is without a fault (faults). とも言えますが、インパクトのある表現で

はありません。なお、No ～ is ～. という表現は様々な場面で使えます。たとえば、Nobody is perfect.(完璧な人はいない)、No school is perfect.(問題のない学校はない)、No dictionary is perfect.(間違いのない辞書はない)、No company is perfect.(悪いところのない会社はない) などです。

defect についてもう少し述べておきましょう。

機械などの場合には This product has a fault. とは言いません。その機械の「せい」ではなく、「機能しない」だけですから、機械の場合は defect です。defect はふつう、This product has some defects. / This is a defective product. のように、製品などに使います。人に使うと、特に男性の場合は性的機能が機能しない、という意味になってしまいますし、女性や子供に使うと「不具」という意味になり、差別用語になります。要注意！

模範解答

No country is perfect.

問題 17

この調査は全国 3,000 人のユーザーを対象にしたものです。

誤答例

×3000 users all over Japan were surveyed.

解説にもあるようにこの文の焦点は「調査」にあります。したがって主語は「調査」になります。そして、その「調査」が～の人数に「及ぶ」と表現します。users と国の関係を表す表現として、all over ～ はこの場合は変です。「国中に散っているユーザー」という感じなので模範解答のように users across the country などのような表現を使います。

3. 伝わる英語を書くための50題

×This investigation is intended for 3000 users in Japan.

investigation は犯罪事件の捜査などの「事実調査 (fact-finding)」のことです。「アンケート調査」の意味では使いません。

is intended for ~ と言うと、「~向け、~を想定して作成されている」といった意味になります。「~を対象に行なわれた」とは違います。

survey には conduct を使い、「~を対象に」と言う場合の前置詞は on になります。ただし、ここでは調査が行なわれたということよりどれだけの人数に及ぶのかが問題になっているので cover のほうが日本文の意味をより明確に表すことができます。

この場合「国中に散っているユーザー」という感じなので、in ではなく across を使います。

×The survey targeted 3,000 users in the country.

in よりもこの場合「国中に散っているユーザー」という感じなので across を使います。

target は、「~を目標にする」という意味です。製品や雑誌などがある顧客層や読者層を「対象にする」という場合は target を使いますが、調査が「対象にする」とは違います。

解 説

この問題では cover が使えます。cover の基本概念は put something over で「覆う」です。cover の広がりを表す意味から、距離や地域、範囲の広がりを表し、「~に至る、~に及ぶ」という意味でも使われます。

この日本文の「~を対象にした」は「~の範囲に及ぶ」ということなので、cover で言うことができます。問題文の焦点は調査の話なので、英文での主語も This survey で始めます。文型は SVO の形ですっきりと表現できます。

第2章　伝わる英語を使うためには？

模範解答

This survey covers 3,000 users across the country.

問題18

この道は車の入れない道です。

誤答例

×Cars are prohibited from entering to this road.

車を主語にすると、車に焦点が当たります。日本文は「車が入れない」という道の特徴について説明しているので、主語にすべきは「この道」です。「入る」の意味の enter は他動詞なので前置詞は不要です。

×Cars can't enter this street.

文法的には合っていますが、英語を母国語とする人間が聞いたら Why? という疑問がわくはずです。車が入れないという状況を説明しているだけで、どうして入れないのかという理由、つまり、この道の特徴を説明していないからです。

×This road is not available for cars.

not available は「利用できない」で、日本文の意図と異なります。

解説

「車が入れない」ということは、「車には開放されていない」ということなので close を使います。allow と prohibit について触れておきます。prohibit は禁止行為が主語になり、allow は禁止の対象が主語になります。たとえば、「ペットお断り」は No pets (are) allowed. となり、「禁煙」は Smoking (is) prohibited. となります

(→ p.92)。何が主語として適しているか、よく考えて使い分けてください。

模範解答

This road is closed to cars.

問題 19

その件は話し合っても始まらない。

誤答例

×It is no use talking about that.

no use は「無駄」という意味です。英文としては誤りではありませんが、日本語の「始まらない」というニュアンスは出ていません。

×To talk about it is waste of time.

waste of time には冠詞 a がつきます。ただし、a waste of time とすると「時間の無駄」ということになってしまいます。時間の問題に限定されてしまい、意味の範囲が狭められてしまいます。

×Discussing it doesn't work.

doesn't work は、話し合っても「始まらない、無駄だ」という意味にはなりません (→ p.84)。

解説

get (a person) nowhere で、「どこにも行きつかない」という意味で、「無駄である」という意味になります。get nowhere と同じ意味で go nowhere も使えます。get somewhere と言えば「何か肯定的な結果がでる」という意味です。talk より speak のほうが formal です (→ p.78)。「話し合って」はあまり改まった話し合いで

第2章　伝わる英語を使うためには？

はないので、talk を用います。スピーチのような正式な話の「話し手」は speaker と言います。

(模範解答)

Talking about this matter won't get (us) anywhere.

(問題20)

状況がよくわかりません。わかるように説明してくれませんか。

(誤答例)

×I didn't get the point. Could you explain the background?

get the point の point は「要点」です。問題文は「状況」です。あとの文は「わかるように」が含まれていません。background は物事の「背景」を表します。

×I do not see the situation. Could you explain that clearly?

see the situation は「状況が見えない」の直訳で、このような英語表現はありません。また、explain 自体に「きちんとわかるように説明する」という意味が含まれるので、clearly は必要ありません。

×I don't understand what you're saying. Could you help me make sense of that?

don't understand は、言っている内容が「理解できない」という意味です。make sense of ～ は辞書にはありますが、実際にはあまり用いられません。make sense で用いて「意味をなす」「筋が通っている」の意味になります。

3. 伝わる英語を書くための50題

解説

「物事の全体像」「全体的な状況」はpictureという語で表します。explainは「相手にわかるように話す」という意味が含まれている単語なので、「わかりやすく」という意味を含ませるためにeasilyなどを伴う必要はありません。もっと「詳しく」という意味をつけ加えたいときはin more detailと言います。なお、「具体的に話してください」はexplainは使わずBe specificと言います。

模範解答

**I don't get the picture. Would you explain in more detail?
[Would you be more specific?]**

問題 21

勝手ながら、文書で質問させていただきます。

誤答例

×Let me put my questions to writing and mail it to you.

「～させてください」と命令文で言っていますが、目の前にいない相手なのでYesともNoとも答えることができません。日本文は「事後承諾」を請う文章ですが、この英文では事前に承諾を求めることになってしまいます。ここでは「書面にする」ことではなく、「手紙で質問する」ことについて事後承諾を求めています。

×Please allow me to ask you some questions in writing.

命令文でallowを使うと目の前に相手が存在するということになり、事前に承諾を求めていることになります。日本文は「事後承諾」を求めています。questions in writingは「writingにおける質問」と解釈される恐れがあります。

第2章　伝わる英語を使うためには？

×I would like to ask you questions to writing.

I would like to でも事後承諾を求めることになりません。事後承諾を求める決まった言い方があります。また、put ～ to writing（～を文書にする）とは言いますが、ask ～ to writing とは言いません。

（解　説）

「～させていただきます」と現在形で言っていますが、実際には事後承諾を求めています。手紙を読む時点では相手はどうすることもできません。英語で事後承諾を求めるときは take the liberty of ～ing を使います。招待されたパーティでホストに無断で友人を連れていったような場合は、I took the liberty of bringing a friend と言います。take the liberty of ～ing で liberty（行動の自由）を積極的に grasp and get するという意味です。なお、「文書・書面で」は by letter です。

（模範解答）

I take the liberty of asking questions by letter.

（問題 22）
彼は仕事より家庭を大切にしている。

（誤答例）

×He think his family is more important than his job.

主語が三人称単数で時制が現在なので、think には s がつきます。He thinks (that) his family is more important than his job. なら問題ありませんが、think は「頭の中で思っている」であって、実行しているとは限りません。ここで言いたいのは「大切にしている」という具体的な行為なのです。日本語の「大切にしている」には具体

的な行為が伴うので、明確にその行為を表さなければならないのです。また、「どちらが大事か」ということではなく、「どちらを優先しているか」という priority の問題です、importance ではありません。

×**He set higher priority in family than job.**

考え方はいいですが、set priority in 〜 という言い方はしません。ふつうは give priority to 〜 と言います。family、job ともに可算名詞です。ここでは所有格が必要です。

×**He values his family more than career.**

value は「価値観」の問題です。価値観ではなくどちらを実際に優先しているかを問題にしているので、value は不適当です。career には所有格が必要です。

(解説)

優先順位の話なので、put を使えばこのように簡単に言えます（→ p.66）。

(模範解答)

He puts his family before his job.

(問題 23)

どなたでも参加できます。老若男女を問いません。

(誤答例)

×**This event is open to the public.**

イベントを主語にして open to としたのはすばらしいのですが、open to the public は「一般公開」の場合です。「年齢性別にかかわ

りなく」ということなので all を使います。

×Anyone can participate irrespective of age or sex.

Anyone can participate というと参加できるという状況を言っているだけで、なぜそうであるのかという理由を説明していません。「広く公開されている」ということが理由にあたります。

英語で一番大事なのは主語です。この日本文はイベントの参加資格を述べています。したがって、ここで大事なのは anyone ではなくイベントなので、それを主語にしてください。anyone (everyone) には irrespective of age or sex の意味が含まれているので、重複して (redundant) います。また、irrespective of 〜 は現在ではあまり使われず、regardless of のほうが一般的です。

×Please join us. Everybody is welcome.

every と all は「誰でもみんな」を指している点では同じですが、all と比べると everyone (everybody) は「ある種の制限、あるいは（無意識に）ある範囲におけるみんな」という感じがあります。all は「無条件にもっと不特定多数」です。

たとえば、ある会場などで「その場所にいるみんな」を指すには everyone を使い、Hi, everyone / everybody. などと呼びかけます。アルパチーノが出演した昔の映画に『. . . And Justice for All』というのがありますが、この場合は、正義は性別、年齢に関係なしという意味で all です。ここで everyone (everybody) を用いることはできません。

be welcome と言う前に、この催し物がどういう趣旨のものか述べる必要があります。

解説

「なぜ誰でも参加できるのか」を考えます。誰にでも開かれている (open to all) から誰でも参加できるのです。open は形容詞なので、

主語を省いて看板などの表示文としても使えます。もちろんイベントやプログラムの名称をこの文の上に表示する必要があります。たとえば、The Ebisu Marathon. Open to all.（恵比寿マラソン。参加自由）といったように使います。

模範解答

Open to all.

問題 24

できれば、来週の理事会は欠席させていただきたいと存じます。

誤答例

×**If possible, I would like to be absent from next week's executive board.**

　absent (absence) は日本語の「欠席」には不適当な場合がほとんどです。特に「欠席します」で be absent from を使うことはほとんどありません。absent の元々の意味は「その場から欠けている」なので、自分がいる教室に「〜がいない」と言うときは、状況の説明として Tom is absent. と言えます。それに対して、母親が学校に「子供は風邪をひいているので学校を休ませます」と伝えたい場合は、My son has a cold. と言ってから、I'll keep him home.（家に置いておきます）と言えばよいのです。会社の場合は、I can't come to work. あるいは I will stay home. などと言えばいいでしょう。

　「理事会」は executive board ではなく、board of directors です。ただし、これは理事会という「組織」です。問題文の「理事会」は、理事会の「会合」という意味なので、正確には the meeting of the board of directors となります。略すと、board meeting です。

meeting に「出席する」は attend です。「欠席する」は否定形にして I won't be able to attend the board meeting. (理事会に出席できません) と言います。もっとていねいな言い方は解説を参照してください。

×I'm afraid I need to pass the meeting next week.

I am afraid は日本文の丁寧なニュアンスを表すには不十分です。pass は、クイズなどで答えがわからない場合に「パスする」(pass on)、トランプで「パスする」という意味はありますが、会議などを「欠席する」という意味にはなりません。need to では、問題文の「させていただきたい」という丁寧なニュアンスがなくなってしまいます。

×Regretfully, I am unable to attend the board of directors next week.

来週のことなので、現在形ではなく will be unable to attend となります。また、これでも「〜させていただきたい」という丁寧なニュアンスは表現しきれません。

board of directors は、理事会という「組織」です。問題文の「理事会」は、理事会の「会合」という意味なので、正確には the meeting of the board of directors となります。略すと、board meeting です。regretfully は、このような出席・欠席についてはあまり使われません。

解説

ここでの丁寧なニュアンスを表すには be excused from という英語が最適です。beg off も「欠席する」ですが、be excused from のほうがもっと丁寧です。大統領からの招待状に対する返事に使っても失礼ではありません。「できれば」は if possible を文頭で使います。

3. 伝わる英語を書くための 50 題

模範解答

If possible, I would like to be excused from the board meeting next week. / If possible, I would like to beg off from the board meeting next week.

問題 25

男でも女でも、何か技術を身につけておくとよい。

誤答例

×Both men and women should acquire some skills.

技術を身につけておくと有利であることは性別とは無関係なので、言う必要はありません。日本語から引き算をしてください。

身につける「技術」は1つでもよいので、skill を複数にする必要はありません。この場合はどんな技術でもいいので any skill となります。skill を「身につける」は acquire で正解ですが、なぜ「技術を身につけるとよい」のかを英語では説明しなければなりません。

should は押しつけがましい印象になるので、ここでは使わないほうがいいでしょう。「すべき」というと自動的に should、または had better を使うというのは間違いです。これは英和辞典の責任もあります。

これらの助動詞はとても強い意味になります。should とか had better はほとんど脅迫に近い感じで、命にかかわることを相手に言うときくらいしか使いません。助動詞を使うときは注意して使いましょう。

×It is a good idea for either a man or a woman to pick up some skills.

ここもなぜ「技術を身につけるとよい」のかが述べられていませ

第2章 伝わる英語を使うためには？

ん。skills は any skill とします。either a man or a woman は不要です。

pick up は「きちんと習って習得する」の意味にはなりません。「自然に覚える」「自然に身につく」という意味です。

× **A person, either a man or a woman, should have a skill.**

a person のあとに either 〜 or をつけるのは不自然です。性別と should は上記を参照してください。

解　説

英語の発想で考えると、「なぜそうなるか」がわからないと文章として完結しません。単に「あなたは技術を身につけておくべきだ」と言われても、「なぜそうなのか」と疑問を招いたら英語の文章として失格です。技術を身につける利点は、就職や転職や昇進などに有利だからです。すると、問題文の骨子は「技術があるということは強みだ」ということになります。

「skill（技術）は advantage（強み）だ」と言えば、無用な疑問を招くことなく言いたいことが伝わります。参考までに「彼は背が高いので他の人に比べて有利である」は His height is an advantage. です。

模範解答

Any skill is an advantage.

問題 26

ワインは食事に不可欠です。

3. 伝わる英語を書くための 50 題

(誤答例)

×Wine is indispensable for meals.

indispensable は文字通り「不可欠」の意味になってしまいます。ワインがなくても食事はできます。言いかえるなら「ワインは食事の決め手」ということでしょう。meals と複数にすると意味不明。ワインのあるそのときそのときの「食事」なので the meal です。indispensable for の後ろには通常は動名詞が来ます。名詞には to を使ってください。

×Wine is essential for a good meal.

good meal と言うと、「good でない meal には essential ではない」ということになります。また、essential は indispensable と同様、文字通り「不可欠」の意味になってしまいます。

×You cannot enjoy dinner without wine.

dinner は「1日のうちの最も大きな食事」のことです。cannot enjoy と言うと、「ワインがないと楽しむことができない」というそのままの意味になり、言い過ぎです。

(解説)

この日本文が言いたいことをまず考えましょう。「いろいろなご馳走が出てきても、ワインでその食事が決まる」「ワインがないと食事が充実しない」→「ワインがあって初めて食事が食事として完結する」といったことでしょう。「～が完結する」には make が便利です。たとえば「会社というものはどんなに偉い取締役がいても従業員がしっかりしなければ経営は成り立たない」=「従業員が会社の決め手だ」は、Employees make the company. です。「～があると自分の1日が充実する・完結する」は ～ make one's day と言います。「1冊良い本があれば、それで1日を楽しく過ごせる」は、A really good book makes my day. です (→ p.63)。

第2章 伝わる英語を使うためには？

Clint Eastwood 主演の映画『Dirty Harry』には "Go ahead and make my day." という決めぜりふがあります。刑事である主人公は、相手が先に撃てば自分が撃っても正当防衛になるので、Go ahead（さあ、撃て）と言います。そして、相手が撃ってくれて自分も撃てれば「その日が楽しくなる」ということで、その後に make my day と続けているわけです。

模範解答

Wine makes the meal.

問題 27

社会の風は冷たい。

誤答例

× **The outside world is not friendly to me.**

outside world は「外の世界」で、「世間」とは違います。not friendly to me と言うと、「私にやさしくない」という「私」の個人的な話になってしまいます。この問題文は自分の経験からの感想ですが、文自体は「世間」についての一般論です。

× **The real world is hard to me.**

the real world は「世間」という意味なら OK です。hard to は hard on が正解ですが、hard on は誰かが誰かに「つらくあたる」という意味で、Don't be hard on me. と言えば「私につらくあたるのはやめなさい」となります。the real world が hard on me とは言えません。

× **The wind of real world is cold.**

real world には the が必要ですが、wind of the real world という

3. 伝わる英語を書くための50題

比喩表現は成立しません。cold にも問題文で使われている比喩的意味はありません。

解説

この「社会」は「周りの状況」「世間」という意味でしょう。英語では the real world です。「社会の風が冷たい」の「社会」はもっとつきつめれば reality（現実）です。この「冷たい」は「容赦ない」「厳しい」という意味なので、当てはまるのは cruel です。cold は温度についてのみです。

模範解答

Reality is cruel.

問題 28

上質のものを買えば、結局損はない。

誤答例

×**You won't lose, if you buy high quality things.**

high quality と言う必要はありません。quality を形容詞として用いる場合は「高品質な」という意味が含まれています。lose は自動詞で用いると「負ける」という意味です。従属節が主節の後ろにくる場合、コンマは不要です。

× **When you choose the good quality, you don't spend a lot of money in the end.**

the good quality と the をつけると、話し手と聞き手の双方でわかっている「例の」good quality になります。また、実際に支払う額が違うわけではないので you don't spend a lot of money は不適

切です。

in the end は「最後には」という意味なので、ここで使うと意味がよくわかりません。

× **Penny wise and pound foolish.**

Penny wise and pound foolish. は「安物買いの銭失い」です。問題文とは少しニュアンスが違います。

解　説

「なぜ quality products を買うと損をしないのか」が問題文の核心です。第一、物を買えば代金を支払うわけで、お金はその分確実に失われてしまいますね。言いたいのは、「上質の物は得だ」「質の良し悪しが大切だ」ということではないでしょうか。「買えば」と一言一句を訳そうとはせず、アイディアのみを大切にする習慣を身につけてください。この文は「引き算」をしなければならない好例です。自動詞の pay は「損をしない、引き合う」という意味です。この pay を使うと簡単に表現できます。

模範解答

Quality pays.

問題 29
彼は医者からアルコール類を飲むことを禁じられている。

誤答例

× **He was forbidden to alcohol by a doctor.**

飲酒を禁じたのは特定の医師ですから the doctor としなければなりません。forbid は使い方も意味でも不適切です。to のあとには動

詞の原形を置き、to-infinitive（to 不定詞）を使います。forbid は禁止の度合いがかなり強く飲酒が命にかかわるような場合であれば使えます（→ p.89）。

×**His doctor told him to keep away from alcohol.**

tell は適切ですが、現在形で言わないと今と関係のない過去の話になります。alcohol だけだと、化合物のアルコールか、飲むアルコールなのかどうかがわかりません。keep away from ～ は「～に近づかないようにする」という意味なので、違います。

×**A doctor prohibits him from drinking.**

prohibit は意味が強すぎます（→ p.92）。

(解　説)

forbid も prohibit も大変強い言葉で、とくに prohibit は法的規制を表します。医者は「アルコールを飲まないほうがいいですよ」と言っているだけです。drink だけで「酒を飲む」という意味ですから alcohol は不要です。「一滴たりとも飲んではいけない」というニュアンスを出すには touch を使います（→ p.81）。この意味の touch は否定文でしか使いません。「私はたばこをまったく吸いません」は I never touch tobacco. です。「アルコールはまったくやりません」なら I never touch alcohol. です。drink（飲酒する）と異なり、touch には alcohol をつけなければなりません。

(模範解答)

The doctor tells him not to drink. / The doctor tells him not to touch alcohol.

第2章　伝わる英語を使うためには？

問題 30

命あってのものだね。

誤答例

×**There is nothing more important than life.**

命の重要さではなく、命が優先順位においてトップであると述べています。important は適当ではありません。

×**While there is life, there is hope.**

和英辞書に載っている文です。「命のあるところ希望がある」という意味です。普通の会話で突然このようなシェークスピアのセリフのようなことをいうのは不自然です。

×**Nothing is worth risking our lives.**

「命を危険にさらす価値のあるものは何もない」という意味で、問題文と合っていません。

解説

優先順位に言及する場合には come を使うと便利です (→ p.49)。X comes first. で「X が一番先に来る」→「X が最優先である」となります。ほかの例も見てみましょう。

　Safety comes first.「安全第一」
　Quality comes first.「品質第一」
　Cost comes first.「コスト最優先」

模範解答

Life comes first.

3. 伝わる英語を書くための 50 題

> **問題 31**
> うちの娘も年頃になったせいか、この頃愛想が良くなった。

誤答例

× **As my daughter grew up, she has become sociable these days.**

grow up（成人する）はいいのですが、過去形 grew up では過去の一時点しか指さないので不適当です。「彼女は成人した」は She has grown up. になります。sociable は正解です。「〜になった」とあると have become 〜 を使いがちですが、英語にするときは is now 〜 と現在の状態を言ったほうが自然になることがほとんどです。

× **My daughter has reached the age of adolescence and she is nice to people these days.**

adolescence は「思春期」です。is nice to 〜 は「（知っている人に対して）親切にする」ということで、「愛想が良い」とは異なります。

× **Maybe it's because of her age, my daughter gets congenial.**

Maybe it's because of her age と my daughter gets congenial は独立した文なので、接続詞なしでコンマだけでつなぐことはできません。現在形で gets congenial とすると、そういう状態になることが普遍的に起こるという意味になり不適切です。なお、congenial は「気が合う」「趣味が合う」「性に合う」という意味で、「愛想が良い」とは少し違います。because of her age は意味が曖昧で、「年頃だから」の意味にはなりません。

173

第2章　伝わる英語を使うためには？

解　説

「年頃」は何歳くらいのことを言っているのか不明で、具体的に定義もできません。それでも英語で述べるとすれば、具体的に「18歳ごろ」などとするしかありません。また、「年頃」と「愛想が良い」には具体的な因果関係はないはずです。したがって、「18歳である」「愛想が良い」という2つの事実を別々に述べるしかありません。「愛想が良い」は friendly（不特定の人に対して当たりが良い）、kind（見知らぬ人に親切）などいろいろありますが、社会における対人関係として「社会的に訓練ができている」という意味でここでは sociable が適当です。

模範解答

My daughter is 18 years old. She is now sociable.

問題 32

台風のおかげで休暇が台無しになった。

誤答例

×**My vacation was ruined by typhoon.**

英語では台風を主語に持ってきて能動態で言ってください。typhoon は可算名詞で冠詞が必要です。ruin は正解ですが、blow が使えることも覚えておきましょう（→ p.43）。

×**Our vacation was destroyed because of the storm.**

ここも受け身を使う必要はありません。destroy は「形のあるものを壊す」ということです。英英辞典には damage something so badly that it no longer exists, works, etc.（存在や機能などができなくなるほどひどい損傷を与える）と定義されています。問題文の

ような場合は blow か ruin を使います。

×**The typhoon messed up my vacation.**

mess up はたしかに「台無しにする」「めちゃめちゃにする」ですが、「休暇」を mess up するとは言いません。

（解　説）

「台無し」は ruin も使えますが、ここでは typhoon に風も入っているので、言葉遊びも含めて blow を用います。blow は日本語の「ふいにする」という意味も表せます（→ p.43）。たとえば「奴がパーティをめちゃめちゃにした」は He blew the party. です。

（模範解答）

The typhoon blew our vacation.

（問題 33）

9時までにタイムカードを押さないと、出勤時間に遅れたことになります。

（誤答例）

×**Unless you clock in by nine, it is regarded as tardiness.**

regard は「～であると考える」（= think of、consider）ということで、「遅れたことになります」に使うには弱すぎます。「勤務評定に関わる」ので count を使います。また、unless を用いた条件文より命令文のほうが適切です。

×**Punch in by 9 o'clock, or you'll be late for work.**

be late for work は英語としては正しいのですが、「これは勤務評定に関わる」ということなのでこれだけでは不十分です。

第2章　伝わる英語を使うためには？

✕ You have to pass your time card until 9:00 otherwise you will be regarded as being late to the time.

　time card に用いる動詞は punch です。「タイムカードを押す」は、出社の場合 clock in、punch in、退社の場合は clock out、punch out になります。このとき your time card は必要ありません。until はその時間まで何かが継続することです。「〜までに〜をする」という期限を表す場合は by を使います。late to the time とは言いません。late for work です。the time が何の時間を指しているのか不明です。また、「〜に遅れる」という場合の前置詞は to ではなく for です。

(解　説)

　まず勤務上の決まりを説明している点を押さえて、単に「遅れた」というだけでは、「勤務上の決まり」であることが伝わりません。その意味を表すのに適した動詞は count です。「遅刻が1回と数える」としなければなりません。この場合、late ではなく、少しフォーマルな tardy にして、tardy の名詞形 tardiness を用います。日本語では「条件」になっていますが、英語では直接的に命令文を使う必要があります。

(模範解答)

Clock in by nine, or it will be counted as tardiness.

(問題 34)

雨に濡れて風邪をひくといけないから、この傘を持っていきなさい。

3. 伝わる英語を書くための50題

誤答例

×Take this umbrella in case you get wet in the rain and catch cold.

これは日本語をそのまま英語にするとおかしな話になってしまう典型例です。get wet は水などがかかって「濡れる」という意味ですが、ここでは「雨に濡れて風邪をひく」をそのまま言う必要はありません。

×Take this umbrella with you not to get wet and catch a cold.

get wet は先述のとおりです。「風邪をひく」は catch cold で、冠詞は要りません。動詞が have になると冠詞が必要になります。

×Please take this umbrella. You were caught in the rain, you would caught the cold.

お願いをしているわけではないので please は要りません。You were caught ~ の前には If が必要です。be caught in the rain は意味がわかりにくいですね。2文目は仮定法過去になっています。仮定法過去は、現在の事実と反対の仮定を表します。If I had much money, I would buy this.(お金がたくさんあればこれを買うんだけど)のように使います。would は助動詞なので、あとに動詞の原形 catch がきます。

解説

雨に濡れたら風邪をひくとは限らないので、英語で「雨に濡れると風邪をひく」と因果関係を言うことはできません。模範解答はまだ降っていない状態を想定しているので、「もし万一降るといけないから」ということで just in case(念のため)をつけ加えています。今雨が降っているなら「傘を持っていけ」だけで事足ります。

第2章　伝わる英語を使うためには？

(模範解答)

Take this umbrella with you just in case.

(問題 35)

雪がないと冬だと思えない。

(誤答例)

×Winter comes with snow.

これでは「冬は必ず雪が降る」ということになります。雪がなくても、冬は冬です。ここは「視覚的に雪がなければ冬らしくない」という意味を読みとって英語にします。

×Without snow, I cannot feel winter.

feel は触覚または感情で感じるという意味です。「雪がないと冬らしく見えない」という視覚的なことですから、feel は不適当です。

×Winter without snow is not real.

is not と be 動詞を用いると、real でないことが事実になってしまいます。「リアルではない」という語感から使われたのかもしれませんが、そのような意味にはなりません。

(解　説)

視覚的に白銀の世界でないと冬らしくないと考え、look を用いるとぴったりきます (→ p.62)。

(模範解答)

Winter doesn't look real without snow.

問題 36

ジョギングがすたれてウォーキングがはやっている。

誤答例

×**Jogging goes out of fashion and walking goes in.**

out と in の対比はすばらしい。ただし、fashion は主に身に着けるものを指しているので、行動のはやりすたりには使えません（→ p.108, 110）。現在形は普遍的なことを表すので、ここには不適当です。一時的な行動を表す進行形にしたり、be 動詞を使って状態で表現します。また、go out と対比させる場合は go in ではなく come in ですが、come in だけでは意味不明です。

×**Now, walking is more popular than jogging in Japan.**

現時点においてどちらが popular かという比較の問題になってしまい、「はやりすたり」を言っていることにはなりません。

×**Jogging is getting out of fashion and walking is getting popular instead.**

対比は同じスタイルで統一します。このように句の out of fashion と語の popular ではスタイルが揃っていません。out of fashion に対比させるなら in fashion ですが、先述のとおり行動には使いません。

解説

英語で「はやっている」は in、「はやっていない」は out だけで簡単に言えます（→ p.108）。in は、形容詞として「今一番はやっているモノ」「ホットなモノ・場所」などを表します。たとえば、「今話題のレストラン」は the in restaurant、「今一番話題になる人々」は in people と言います。out は形容詞として同じように使うこと

第2章　伝わる英語を使うためには？

はできません。

模範解答

Jogging is out and walking is in.

問題 37

この件は当社の利害にもかかわることだ。

誤答例

×**This matter seriously affects our interest.**

affect には「悪影響」の含みがあります。問題文をそう捉えるなら正解です。ここでは seriously は不要です。「利益・利害」は interests と複数形で用いることに注意してください（→ p.20）。

×**This matter can damage the company's performance.**

damage the company's performance は「利害にかかわる」という意味にはなりません。touch の使い方を覚えましょう（→ p.81）。the company's performance は「社の業績」の意味になります。また、performance に damage は使えません。

×**This matter has to do with interests of our company.**

「～と関係がある」は have something to do with です。これでも意味として誤りではありませんが、touch のほうがより直接的に interests との関係が表現できます。後ろに of ～ とあるので、この場合 interests には the が必要です。

解　説

利益・利害などに「関わる」は touch で表現できます（→ p.81）。

3. 伝わる英語を書くための 50 題

模範解答

This matter touches our interests.

問題 38

ビンのふたが開かないときは、熱湯をかけると開くようになる。

誤答例

×You should use boiling water to open the lid of that jar.

use ではどのような時にどうお湯を使うのかがはっきりしません。「特定のビン」ではないので jar に that はつきません。「ふた」は 1 本のビンに 1 つなので、the cap とします。boiling water は「沸騰しているお湯」で、ここは沸騰している必要はないでしょう。

×Hot water will open a bottle.

「hot water がビンを開ける」は手品のような話に聞こえます。助動詞 will も不要です。また、「開く」のはビンではなく、ビンのふたです。

×When the cap of the bottle won't open, pour boiling water over it. Then, it will open.

ふたが開かない理由はいろいろあるので、「開かない」だけでは曖昧です。「お湯をかける」→「ふたが開く」も、これだけだと手品のようになり説明不足です。「ふたがきつい」「お湯をかけるとゆるくなる」の部分が必要です。bottle に the はつきません。

解説

このまま英語に訳すと手品のような話になってしまいます。英語では、熱湯との関係を述べる必要があります。開かない場合、接着でもされていればたとえお湯をかけても開かないので、「蓋がきつ

第2章　伝わる英語を使うためには？

い」と具体的に述べなければなりません。温めると熱膨張が起きるのでゆるくなるのです。ここで大事なのはtightとlooseの関係です。

模範解答

If the cap of a bottle is too tight, pour hot water over it. And it will loosen.

問題 39

万事上向きになってきた。

誤答例

×Everything is getting better.

「万事」はここでは「1つ残らず何もかも」という意味ではありません。everythingではなくthingsになります。

×Things are going to be fine.

「上向きになってきた」→「だんだんよくなっている」は前との比較なので比較級を使います。fineは「よい」というより「大丈夫だ」といったニュアンスです。

×Everything is moving up.

この「上向き」は「よくなっている」という意味ですね。move upでその意味は表せません。

解　説

自分とは関係なく「結果としてよくなっている」のでgetです。同様にgetは過程に重点があるので、「だんだんよくなっている」という感じが出ています。このgetはbecomeと同じ意味です。

3. 伝わる英語を書くための50題

(模範解答)

Things are getting better.

(問題 40)

肩肘を張って生きるのはバカらしい。

(誤答例)

×**Trying to look big is stupid.**

big は人に使うと「大物だ」の意味で、「肩肘を張る」とは違います。stupid は「常識や知性に欠けている」という意味で、「バカらしい」とは違います。

×**It's silly to carry oneself with a swagger.**

silly は foolish、ridiculous という意味で、「バカらしい」とは違います。swagger は「威張ること」で、「肩肘を張る」とは違います。

×**Pretending to be strong is not pay for life.**

strong は「強い」という意味で、「肩肘を張って生きる」にはなりません。pay は動詞なので、is not pay は文法的に誤りですし、pay for life では意味をなしません。pretend は確かに「ふりをする」という意味ですが、後ろに tough などの形容詞を続ける場合は、ふつう動詞には play や act を用います。

(解説)

「肩肘を張って生きる」は、「強がって生きる」ということなので、play tough あるいは act tough でいいでしょう。play や act を用いると、pretend の「実際とは異なるように演じる」という感じが表せます。「バカらしい」は「割に合わない」ということなら pay

183

第2章　伝わる英語を使うためには？

を否定文で用いてもいいでしょう。「意味がない」というならば、nonsense を用います。

模範解答

It's nonsense playing tough. / Playing tough doesn't pay.

問題 41
彼は会社でにらみがきく。

誤答例

×He has a power.

power は control の意味です。日本語で言えば「権限」です。またその場合 power は不可算名詞で、冠詞はつきません（→ p.27）。have power は組織や制度において「権限がある」ということで、「にらみがきく」とは異なります。

×He has great influence in the company.

influence（影響力）は「何に対しての影響力か」を述べる必要があります。また influence は形容詞がつく場合は可算名詞なので、have a great influence on 〜 となります。「会社」という「場」を指しているのなら company ではなく in the workplace が適当です。

×He has a say in the company.

a say は何かに対する「決定権」なので、「にらみがきく」とは違います。

解説

「会社でにらみがきく」とは、その人の発言にみんなが耳を傾ける

3. 伝わる英語を書くための 50 題

という意味でしょう。たとえ要職にあっても人物が良くなければ注意を払われることはないでしょうから、発想を転換して、「みんなが彼の言うことに耳を傾ける」と表現すればいいでしょう。

模範解答

Everybody in the workplace listens to him.

問題 42

我々の世代は活字離れの世代だ。

誤答例

×**Our generation has a tendency not to read.**

our generation は間違いではありません。ただ、we と言えば済んでしまいます。has a tendency not to read では「活字離れ」の感じが出ません。

×**We don't often read books.**

don't often read で「あまり本を読まない」という意味は表していますが、日本文の「活字離れ」のニュアンスは出ていません。

×**Our generation is apart from a printing type.**

our generation は we にしましょう。apart は物理的に「離れている」という意味です。a printing type は印刷に使う「(1個の)活字」です。

解 説

「～離れ」という場合は、turn away from ～ を用いると英語でも同じような感じが表せます。turn には「変化」のニュアンスが含まれているので「今までとは違って」という意味合いも出ます（→

第2章 伝わる英語を使うためには？

p.82)。「活字」とありますが日本語のアイディアは「読書」なので reading が適当です。

模範解答

We are turning away from reading.

問題43

外国では故人が生まれた日を記念し、日本では亡くなった日を記念する。

誤答例

×People celebrate birth day for the dead in foreign countries, on the other hand people celebrate death day in Japan.

celebrate はパーティなどをして「祝う」という意味なので、「記念する」は commemorate のほうがよいでしょう。birth day は、birthday と1語にし、冠詞も必要です。death day とは言いません。On the other hand と言うためにはその前に On one hand がなければなりませんし、接続詞としては使えません。そもそもここでは必要ありません。the dead は dead people のことで、「死んだ人みんな」の意味になります。

×While people commemorate the birthday of those who were gone in foreign countries, we commemorate the day people were dead in Japan.

「〜月〜日」という「日」には date を用います。the birthday of those や the day people were は、みんなが同じ日に生まれたり死んだりしたような意味になります。

×In many foreign country, people celebrate the deceased's

birthday. But in Japan, we celebrate the date they lost.

many があるので、country は複数にしなければなりません。celebrate は commemorate に。the deceased と言うと「死んだ人みんな」になります。lose は「亡くなる」という意味にはなりません。これでは「失った日」になってしまいます。

解説

まず、何と何が対比されているかを考えます。ここは、「人の生まれた日を記念する」と「人の死んだ日を記念する」の対比です。名詞なら名詞で、動詞ならば動詞で揃えましょう。birthday はありますが deathday はないので、the date of a person's birth と the date of a person's death とします

「外国」は、ここではアジアや中近東のことでなく欧米のことでしょう。foreign countries とすると「日本以外のすべての国」になるので、Western countries にしましょう。

模範解答

In Western countries, they commemorate the date of a person's birth, while in Japan we commemorate the date of a person's death.

問題 44

さあ、今日は腕によりをかけて料理を作ってくれ。

誤答例

×Now today, do your best to cook dinner for the guests.

now と today は一緒に使いません。do one's best は「なんとかして〜する」「どんなことをしてもやり遂げる」で「腕によりをかけ

第2章　伝わる英語を使うためには？

て作る」とは違います。for the guests はここでは意味不明です。

× **This is your chance to show you are a good cook.**

「料理上手だということを示すチャンスだ」はこれはこれで成立しますが、問題文と意味が違います。

× **Do everything you can to prepare dishes today.**

do everything you can（できる限りのことをする）は「腕によりをかけて作る」とは違います。prepare dishes は、「皿を用意する」にもとられかねません。dish が料理の意味を表す場合は、具体的に French dish(es)（フランス料理）のように用います。

(解　説)

「腕によりをかけて作る」は「料理のうまい人が自分の得意とする料理を作る」といったことでしょう。これを表現する場合は、「毎日の定番料理」ではなく「いつもと違ったおいしい料理」を作ってくれと言えばいいわけです。

(模範解答)

Cook something special tonight.

(問題 45)

彼は運動神経が発達している。

(誤答例)

× **He's a good athlete.**

athlete には good ではなく通常は quite を使います。He is quite an athlete. なら自然な英文になりますが、「運動神経が発達している」とは少し違います。

3. 伝わる英語を書くための 50 題

×**He is talented in sports.**

talented は a talented player のように用います。be talented in とは使いません。「～の才能がある」は have a talent for と用います。

×**He has a good reflexes.**

reflexes は「反射神経」です。「反射神経がよい」なら適切ですが、「運動神経がいい」という場合は違います。また、reflexes は reflex の複数形なので a はつきません。

解 説

「運動神経がいい」は I'm coordinated.、「運動神経が鈍い」は I'm uncoordinated. と言います。スポーツで筋肉をうまく使えることは muscle coordination と言います。辞書に載っている motor sense は、医学的に「運動神経」と言う場合です。たとえば、歩くことができるようになった赤ん坊に motor sense が発達したとか、リハビリで motor sense が回復してきた、などと使います。

模範解答

He is coordinated.

問題 46

人間はいくら年をとっても学ぶことができる。

誤答例

×**We can learn anything no matter how we get older.**

can learn anything だと「何でも学べる」で、「どんな年齢でも学べる」という論点からずれてしまいます。また no matter how old

第2章　伝わる英語を使うためには？

にしないと文法的に間違いです。

×It's not too late for people to study anything.

for people は不要です。study は「(本や観察や実験で) 学習する」ということで、この「学ぶ」には不適切です。

×Human can learn new things even when we get older.

learn は「知識や技術を得る」ということで、「(自分で) 覚える」「(人から) 学ぶ」のどちらでも使えます。new things は不要です。主節の主語が human、when 節の主語が we と合っていません。human は可算名詞なので、冠詞をつけるか複数形にしなければなりません。

解　説

「いくら年をとってもできる」は「いくつになっても遅すぎることはない」ということなので、too old より too late が自然です。too old と言うと「寝たきり老人やボケになっても学べる」というニュアンスの文になってしまいます。

模範解答

It's never too late to learn.

問題 47

あなたは本を読むのじゃなくて、ただ目を通すだけなのね。

誤答例

×You don't read a book but browse through it.

a book とすると「一冊の本」になってしまいます。ここでは「読み方」のことを言っているので You don't read. と、「読んでない」

ことを言えばいいのです。

browseは本屋などで「パラパラと本をめくる」という意味です。今はインターネットで使われますね。

×**You look just turning the pages when you are reading.**

turn the pagesは「ページをめくる」という意味です。「目を通す」という意味にはなりません。when you are readingと言ってしまうと、readで「読む」ことを認めたことになります。

×**You just scan the pages rather than read it.**

「検索」の意味もあるので、ここではscanは不適切です。また、the pagesとitが一致していません。

(解　説)

日本文では「本を読む」となっていますが、英語の場合「本」を訳そうとするとbooksかa bookのいずれかにしなければなりません。そうすると、「一冊の本を読む」とか「数冊の本を読む」という話になってしまいます。しかし、ここでは文章の読み方に言及しているので、日本文にこだわる必要はありません。「目を通す」も文章の読み方を述べています。

(模範解答)

You don't read. You just run over the words.

(問題 48)

あなたもたまには旅行先で、羽目をはずすこともあるのでしょう。

(誤答例)

×**You sometimes overdo it at places away from here, aren't**

第2章　伝わる英語を使うためには？

you?

overdo は「(仕事・運動・演技などを) やりすぎる」という意味なので、「羽目をはずす」とは違います。また、overdo it の it が何なのかあいまいです。places away from here (ここから離れた場所) は「旅行先」という意味にはなりません。また、places だと一度に複数の場所に居るような誤った表現ととられます。

× **You let yourself loose sometimes during your trip, don't you?**

let loose は「自由になる」「解放される」で「羽目をはずす」とは違います。

× **You may sometimes go wild while traveling, too.**

traveling は「移動中」という意味です。go wild は「熱狂する、狂喜する」「激しく怒る」など感情の激しい状態になることで、「羽目をはずす」ではありません。may は「〜してよい」という意味に取られます。

解　説

「羽目をはずす」は go overboard で表現できます。go overboard はもともと「船の甲板から水中に落ちる」で、「極端に走る、行きすぎる」という意味です。あとに内容を述べるのがふつうです。

(例) I went overboard last night. I drank too much.
　　「昨夜は羽目を外した。飲み過ぎてしまった」

「旅行中」も「出張中」も out of town です。「今は家 (のある町) にいない」と言えばいいのでこれで十分です。on a business trip は「(遊びで居ない人が、今回は) 仕事で」と仕事であることを強調するときに使います。秘書が on a business trip と言うことはなく、He is out of town. と言うのが普通です。ただし、グループ企業間

などではout of townだけでなく、具体的に「パリ支社にいます」などと伝えます。

ここで、「旅行」を表すtrip、travel、tour、journey、voyageの違いについて説明します。

(1) trip
ある場所からある場所への位置の移動で、移動全体に重点があります。
- I tripped「つまずいた」※1ミリでも移動したらtripです。
- a trip to the post office「郵便局へ行くこと」
- We have to make two trips.

※車から玄関までもtripです。「荷物が多くて車から玄関まで2往復する」のもこう言います。

trip自体に「戻ってくる」という意味はまったくないので、「往復旅行（切符）」というときはround tripと言います。

(2) travel
ある場所からある場所への移動で、移動のプロセスに重点があります。動詞になると「動き」になります。
- Light travels faster than sound.「光は音より速く伝わる」
- News travels quickly these days.「最近は、ニュースが伝わるのが速い」
- time traveler「タイムトラベラー」
- travelers「旅行者」

※仕事でも観光でも皆travelerです。

(3) tour
出発点へ戻ってくる動き
- factory tour「工場見学」

※ある出発点からずっと見学して出発点に戻るのでtourと言います。

（例）Let's make a factory tour.「工場見学をしよう」
- house tour

※アメリカでは客が来たときに家の中を案内する習慣がありますが、そのことをこのように言います。

（例）Let's do a house tour.「家を案内します」
- American tour「アメリカツアー」

(4) journey

困難・危険が伴う陸路の旅のこと。
- journey to the moon「月旅行」

「月旅行」は帰って来られるという保証がないので tour とは言えません。

(5) voyage

「航海」のことですが、「水の上の journey」だと考えましょう。「宇宙への旅」は journey と voyage のどちらでも使えます。
- voyage to the center of the earth「地底探検」

(6) picnic

picnic は出かける場所は関係ありません。野山に出かけなくても、つまり裏庭でも picnic です。大事なことは食べ物があることと、非常に簡単で楽しいことです。長時間歩くのは picnic ではありません。
- have a picnic「ピクニックに行く」
- go on a picnic「ピクニックに行く」

(7) outing

「遠足」のことで、picnic より遠いところへ出かける場合です。食べ物を持っていくかどうかは、その意味には含まれません。
- Let's go on an outing.「遠足に行こう」

3. 伝わる英語を書くための50題

模範解答

When you are out of town, you sometimes go overboard, don't you?

問題49
彼はその会社にコネがある。

誤答例

× He is well connected to important people in that company.

be connected（関係がある）は取引関係などで使います。「接続」には to を用いますが、「関係」では with を用います。「コネ」が「えらい人を知っていること」であれば、important people は正解です。

× He has connections in the company.

connection は不適切です。解説を参照してください。

× He knows a person who has some influence in the company.

「影響力のある人を知っている」という意味ですが、どういった影響力かを説明する必要が生じます。He knows someone [some people] in the company. であれば正解です。

解説

connection を「人脈」で使う場合はネガティブな意味になります。Gene Hackman 主演の映画『French Connection』は「フランスの麻薬組織」を指しています。「コネ」は「知り合いがいること」という意味であれば、contact が最適でしょう。「ツテ」「手づる」という意味で pull も使えます。不可算名詞です。

第2章　伝わる英語を使うためには？

模範解答

He has some contacts in the company. / He has pull with the company.

問題 50

みんなご破算にしよう。

誤答例

×Let's forget about it.

Forget about X. なら「一時的にXのことは考えるな」で、Forget X. なら「Xは永久に心から消し去れ」という意味になります（→p.90）。したがって、「ご破算にする」の場合は about はつきません。

×Make a fresh start.

make a fresh start は「新規まき直しする」という意味なので、すこしニュアンスが違います。

×Why not settling our scores?

settle a score (scores) は「恨みをはらす」「決着をつける」という意味です。

解　説

「ご破算にしよう」はいろいろ解釈できます。

「始めからやり直しましょう」→ Let's start all over again.
「チャラにしよう」→ Let's forget all this.
「取り下げよう」→ Let's drop this.（※drop「（企画などを）止める」）
「白紙に戻そう」→ Let's go back to square one.（※ square one 「すごろくの出発点」）

「水に流そう」→ Let it go down the drain.

go down the drain には、「地に落ちる」という意味もあります。たとえば、High school education in the U.S. is going down the drain. (アメリカの高等教育は地に落ちんばかりだ) というように使います。

模範解答

Let's start all over again.
Let's forget all this.
Let's drop this.
Let's go back to square one.

復習用暗記例文集 100

> 第1〜2章で出てきた例文のうち、最も大切な100例文を精選しました。すべて丸暗記して、日本語を見て英語がすぐに出てくるようにしてください。

1　Japan is small in area, but large in population.　　日本は狭い国にもかかわらず、世界でも人口の多い国の1つです。

2　Come and see us about the Internet.　　インターネットのことなら何でもご相談に応じます。

3　(Just) Stay in touch.　　どこに行っても連絡は絶やさないでください。

4　Let's sit down and talk sometime next week.　　今度一度ゆっくり落ち着いて話しましょう。

5　Mr. Itoh is out of town.　　伊藤はただいま出張中です。

6　Just forget what I said.　　このことは聞かなかったことにしてください。

7　No country is perfect.　　欠陥のない国はない。

8　This road is closed to cars.　　この道は車の入れない道です。

9　Talking about this matter won't get (us) anywhere.　　その件は話し合っても始まらない。

10	He puts his family before his job.	彼は仕事より家庭を大切にしている。
11	Open to all.	どなたでも参加できます。老若男女を問いません。
12	Any skill is an advantage.	男でも女でも何か技術を身につけておくと良い。
13	Wine makes the meal.	ワインは食事に不可欠です。
14	Reality is cruel.	社会の風は冷たい。
15	Quality pays.	上質のものを買えば、結局損はない。
16	Life comes first.	命あってのものだね。
17	Take this umbrella with you just in case.	雨に濡れて風邪をひくといけないから、この傘を持っていきなさい。
18	Winter doesn't look real without snow.	雪がないと冬だと思えない。
19	Jogging is out and walking is in.	ジョギングがすたれてウォーキングがはやっている。
20	This matter touches our interests.	この件は当社の利害にもかかわることだ。
21	Things are getting better.	万事上向きになってきた。
22	We are turning away from reading.	我々の世代は活字離れの世代だ。
23	Cook something special	さあ今日は、腕によりをかけて料理

	tonight.	を作ってくれ。
24	He is coordinated.	彼は運動神経が発達している。
25	It's never too late to learn.	人間はいくら年をとっても学ぶことができる。
26	He has some contacts in the company. He has pull with the company.	彼はその会社にコネがある。
27	I have had it. I have had enough.	もうたくさんだ！
28	The day is breaking soon.	もうすぐ夜が明ける。
29	The loan carries 5.5% interest.	そのローンの金利は5.5パーセントだ。
30	Money comes and goes.	金は天下の回り物。
31	Ten thousand yen will do?	１万円で足りるかい？
32	Let's drop the subject.	ちょっと、それはやめようよ。
33	Would you get me the front desk?	フロントをお願いします。
34	Please give me your telephone number.	あなたの電話番号を教えてください。
35	Everything must go.	全品売り尽くし。

36	Hold it!	そのまま！
37	Let it be.	なるがままにさせておきなさい。
38	You are looking good.	かっこいいね。
39	Pick one card.	カードを1枚選んでください。
40	Pull yourself together now.	しっかりしなさい。
41	Let me put it this way.	つまりですね。
42	The tap is running.	水道が出ています。
43	Set the alarm for 7:00.	目覚ましを7時にセットして。
44	Jane hates me and it shows.	ジェーンが私を嫌がっていると顔に書いてある。
45	Let's split the bill.	割り勘にしよう。
46	Stay thin.	太らないようにね。
47	He is here to stay.	これからは彼の時代だ。
45	Is it taken?	ここ空いてますか？
49	Money really talks in this business.	この業界では金がものを言うんだ。
50	Frost touched the flowers.	霜で花が傷んだ。
51	I never touch alcohol.	お酒は一滴もやりません。
52	The medicine has worked.	薬が効いた。

53	We apologize for the delay.	遅れたことをお詫びします。
54	I am considering buying a new car.	私は車を買うことを考えている。
55	Just forget it.	そのことはなかったことにしてくれ。
56	I recommend the book to you.	その本を君に勧めるよ。
57	You remind me of your father.	あなたを見ているとあなたのお父さんのことを思い出す。
58	No jackets required.	上着の着用は不要。
59	Can you suggest a wine?	お勧めのワインはありますか？
60	I suggest going there by train.	そこには電車で行ったほうがいいですよ。
61	Health is above wealth.	健康は富に勝る。
62	Kelly is off today.	今日、ケリーは休みです。
63	Sorry, strawberries are out of season.	申し訳ありませんが、イチゴは季節ではないので置いてありません。
64	I'm through with Mary.	メアリーとはもう終わったんだ。
65	Keep the change.	お釣りはいりません。
66	Who is going to pay the damages?	誰が損害賠償金を支払うのか？
67	Demand is exceeding	需要が供給を超えている。

supply.

68	Don't have unrealistic expectations for your children.	子どもに現実離れした期待をしてはならない。
69	I don't eat fish.	私は魚は食べない。
70	Have fun!	楽しんでね。
71	The boy has a flair for languages.	その少年は語学の才能がある。
72	John is on leave now.	ジョンは休暇中です。
73	Is there life on Mars?	火星には生物がいるのか？
74	Life is tough these days.	近頃は、生きていくのが大変だ。
75	Any luck?	うまくいった？
76	The guy has no manners.	あいつはマナーがなってない。
77	He took office in 2008.	彼は2008年に就任した。
78	I will go to work tomorrow.	明日は会社に行く。
79	Could you take an order?	オーダーお願いします。
80	The police are hunting the suspect in the area.	警察はその地域で容疑者を捜索している。
81	I am doing research on the tribe.	私はその部族について研究している。

82	Might is right.	勝てば官軍。
83	All rights reserved.	不許複製。
84	I don't have any savings.	貯金はまったくない。
85	I am working for a securities company.	私は証券会社に勤めている。
86	We will have clear skies tomorrow.	明日は快晴でしょう。
87	I didn't get much sleep last night.	昨夜はあまり眠れなかった。
88	Have a good night's sleep.	ぐっすりおやすみください。
89	Time heals all wounds.	時がすべての傷を癒してくれる。
90	Do you have the time?	今、何時ですか？
91	What do you do in your spare time?	時間があるときは何をしていますか？
92	It's lunch-time now.	お昼の時間です。
93	Did you have a good time in L.A.?	ロスは楽しかった？
94	Times have changed.	時代は変わった。
95	A war is raging in that part of Africa.	アフリカのその地域で激しい戦争が繰り広げられている。
96	You don't see the wood	君は細かいことにこだわって大局が

	for the trees.	見えていない。
97	Actions speak louder than words.	行いは言葉より雄弁なり。
98	Mark my words.	いいですか、よく聞いてください。
99	Let's get down to work now.	さあ、仕事に取り掛かろう。
100	The company is operating an engineering works.	その会社は製作所を運営している。

INDEX

【A】

above
    See **above**. 103
accident
    by **accident** 2
Actions speak louder than words. 37
advice
    a piece of **advice** 3
All rights reserved. 28
along the way 104
around
    around the clock 106
    around the corner 106
ash
    burnt to **ashes** 3
authority
    an air of **authority** 4
    in **authority** 4
    the health **authorities** 4

【B】

a back-to-school sale 29
balance
    the **balance** 73
bear with 43
below
    below the mark 107
    See **below**. 107
blow an occasion 43
break out 44
break the ice 45
bring ~ to life 45

business
    business as usual 5
    do **business** with 4

【C】

call
    a wake up **call** 47
calm down 144
cast doubt on 48
chance
    by **chance** 5
    take **chances** 6
    take one's **chances** 6
change
    a **change** of clothes 7
    a **change** of mind 7
    climate **change** 7
    for a **change** 7
    small **change** 6
    the **change** of life 7
come
    Safety **comes** first. 172
communications 8
company 9
condition
    conditions 10
    in critical **condition** 9
    in stable **condition** 9
    a liver **condition** 10
    the terms and **conditions** of the contract 10
contact 11

INDEX

content
　free **content** 12
　a high fat **content** 12
　the table of **contents** 12
coordinated 189
crime
　organized **crime** 12

【D】
damage 13
damages 13
demand 14
development 14
　monitor **developments** 15
do business with 4
down
　Calm **down**. 144
　down and out 108
　get **down** to work 144
　let **down** 108
draw the line 52
drop dead 54
drop the case 54

【E】
excuse
　be **excused** from 164
expectation
　come up to one's **expectations** 16

【F】
facility
　facility for languages 16
　an overdraft **facility** 16
　recreational **facilities** 17

finance 17
finances 17
foundation
　lay the **foundations** for 19
　without **foundation** 18
fun
　Have **fun**! 19

【G】
gear
　fishing **gear** 19
　top **gear** 20
get
　get down to work 144
　get (a person) nowhere 157
　get the picture 159
　get through 113
go
　go overboard 192
　go to war against 35
　go to work 25
grow up 173

【H】
have ~ to oneself 42
health
　poor **health** 128
hit the road 63

【I】
in print 108
in season 108
interest
　the vested **interests** 21
　wide **interests** 20

207

INDEX

【J】

just in case 177

【L】

language
　　a flair for **languages** 22
　　sign **lanugage** 21
leave
　　on **leave** 22, 110
leave office 25
let down 108
let oneself go 61
life
　　a matter of **life** and death 22
　　That's **life**. 22
luck
　　Any **luck**? 23
　　tough **luck** 23

【M】

mail
　　in the **mail** 23
　　snail **mail** 23
manners 24
a matter of life and death 22
Might is right. 28

【N】

nowhere
　　get (a person) **nowhere** 157

【O】

off the record 109
office
　　leave **office** 25
　　out of **office** 24
　　out of the **office** 24
　　take **office** 25
order
　　in alphabetical **order** 25
　　in **order** of size 25
　　a tall **order** 26
out of print 110
out of season 111
over the hill 111
overboard
　　go **overboard** 192

【P】

Penny wise and pound foolish. 170
pick
　　fruit **picking** 64
picture
　　get the **picture** 159
play tough 183
power
　　one's **powers** of concentration 27
print
　　in **print** 108
　　out of **print** 110
prohibit
　　Smoking (is) **prohibited**. 156
pull oneself together 65
push around 66

【R】

real
　　the **real** world 168

INDEX

right
    All **rights** reserved. 28
    Might is **right**. 28
road
    hit the **road** 63

【S】
sale
    a back-to-school **sale** 29
    sales 29
sanction 29
sanctions 30
savings 30
season
    in **season** 108
    out of **season** 111
security 30
    securities company 31
see
    See above. 103
    See below. 107
sky
    clear **skies** 32
sleep
    a good night's **sleep** 32
slip
    a **slip** of the tongue 72
snail mail 23
split
    split hairs 73
    split the bill 72
square one 196
stay put 74
stick to one's guns 76
strike a match 76

【T】
take
    take chances 6
    take lessons in 150
    take office 25
    take one's chances 6
    take one's temperature 77
    take the liberty of ∼ing 160
talk
    baby **talk** 33
    talks 33
tie
    be **tied** up 81
    tie the knot 80
time
    Do you have the **time**? 34
    have a good **time** 34
    in one's spare **time** 34
    kill **time** 34
    Time heals all wounds. 34
    times 35
turn around 82

【U】
under
    under arrest 113
    under the sun 114
    under the weather 113

【W】
a wake up call 47
Walk, don't run. 83
wear a lot of make-up 84
wood
    not see the **wood** for the trees 36

INDEX

    woods 36
word
    Actions speak louder than **words**. 37
    by **word** of mouth 38
    word for **word** 38
work
    an engineering **works** 39
    get down to **work** 144
    go to **work** 25
    out of **work** 38
workplace
    in the **workplace** 25

著者プロフィール

ケリー伊藤 (Kelly Itoh)

1954年生まれ。Brown Institute（ミネソタ州）修了。Broadcast Journalism 専攻。CBS オーディション合格後、ミネアポリスのニュース局で活躍。日本では、日本テレビ多重放送キャスター、FM横浜キャスター、サイマルアカデミー講師などを経て、現在、企業研修で第一線のビジネスパーソンに英語を指導するかたわら、自らの主宰する『ケリーズ・イングリッシュ・ラボ』での対面教育や Plain English in CyberSpace におけるオンライン指導を精力的に展開している。著書に、『英語ロジカル・ライティング講座』『英語ライティング講座入門』『英語パラグラフ・ライティング講座』『英語ライティング実践講座』『「ネイティブ力」をつくる本』『書きたいことが書けるライティング術』（研究社）ほか多数。インターネットアドレスは http://kellyslab.com/

ケリー伊藤のプレイン・イングリッシュ講座

■ 2014年7月1日　初版発行

■ 著　者
ケリー伊藤
©Kelly Itoh, 2014

■ 発行者
関戸　雅男

■ 発行所
株式会社　研究社
〒102-8152　東京都千代田区富士見2-11-3
電話　営業 03-3288-7777（代）
　　　編集 03-3288-7711（代）
振替　　00150-9-26710
http://www.kenkyusha.co.jp/

■ 印刷所・本文レイアウト
研究社印刷株式会社

■ 表紙デザイン
寺澤　彰二

KENKYUSHA
〈検印省略〉

ISBN978-4-327-45265-0　C0082　　Printed in Japan